Metriken im Kontext von Teamentwicklung

Ein Buch über Metriken und alles andere

J. Pilster, K. Bauer, C. Brosig, L. Eggert, J. Neufer

Bibliografische Information der Deutschen Nationalbibliothek:

Die Deutsche Nationalbibliothek verzeichnet diese Publikation in der Deutschen Nationalbibliografie; detaillierte bibliografische Daten sind im Internet über http://dnb.dnb.de abrufbar.

© 2022 brainspire GbR

Cover und Illustrationen: Juliane Pilster

Herstellung und Verlag: BoD – Books on Demand, Norderstedt

ISBN Paperback: 978-3-7543-8466-4

ISBN E-Book: 978-3-7562-7870-1

INHALTSVERZEICHNIS

Aus Gründen der besseren Lesbarkeit wird bei Personenbezeichnungen und entsprechenden Hauptwörtern die männliche Form verwendet. Entsprechende Begriffe
gelten im Sinne der Gleichbehandlung natürlich für alle Geschlechter. Die verkürzte
Sprachform hat ausschließlich redaktionelle Gründe; sie beinhaltet keine Wertung.

Vorwort

Die Zeitschrift „The Economist" hat Daten schon vor einigen Jahren als Öl des digitalen Zeitalters bezeichnet[1]. Im Kontext von Smartphones, Big Data, Machine Learning und globaler Vernetzung hat sich dieser Ausspruch im Hinblick auf die große Bedeutung dieser Technologien mittlerweile wohl als allgemeine Wahrheit etabliert[2]. Unabhängig von der Öl-Metapher zeigt sich, dass Daten jetzt und in Zukunft eine wesentliche Bedeutung haben werden, weil sie die Basis von Verbesserungen sind. Ohne zu wissen, wo ein Produkt, ein Team oder eine Organisation steht, kann nur geraten werden, ob eine Maßnahme erfolgreich war – oder eben nicht. Dies spiegeln auch alle Ansätze und Methoden wider, die sich rund um kontinuierliche Verbesserung drehen:

- Plan – Do – Check – Act aus dem Qualitätsmanagement[3]
- Define – Measure – Analyse – Improve – Control in Six Sigma[4]
- Transparenz – Inspektion – Adaption in Scrum[5]

Check, Measure, Transparency – alles mit dem Ziel, den aktuellen Standpunkt und den letzten Fortschritt zu sehen und um zu erkennen, an welchen Stellen Verbesserungspotenzial existiert. Leider wurde dieses in der Vergangenheit zu oft als Fehler und nicht als Chance gesehen; die Furcht vor negativen Konsequenzen überschattet daher häufig und bis heute die Ambition, Transparenz auf der Basis von Zahlen, Daten und Fakten zu schaffen.

Psychologische Sicherheit ist die Komponente, die in diesem Zusammenhang oft fehlt. Und deswegen widmen wir diesem wichtigen Thema in unserem Buch genauso viel Platz wie den Metriken selbst, um den Umgang mit ihnen in einen neuen Kontext zu setzen. Dabei sind wir uns darüber im Klaren, dass es Zeit kostet, einen sicheren Raum zu schaffen, der von Vertrauen geprägt ist und in dem Transparenz möglich wird. Obwohl heutzutage häufig alles schneller gehen und am besten gestern erledigt gewesen sein sollte, möchten wir daher noch einmal Folgendes hervorheben: Ungeduld ist in diesem Zusammenhang kontraproduktiv. Sie erhöht die Unsicherheit in unserer VUKA-Welt nur noch mehr. Um zu verhindern, dass wir in einer Abwärtsspirale aus Ungeduld und Unsicherheit landen, wären wir also gut beraten, an dieser Stelle Zeit zu investieren.

Abschließend wünschen wir uns einen Schulterschluss für ein transparentes und konstruktives Miteinander zwischen Teams und Management in Bezug auf Metriken, an dem sich alle aktiv beteiligen.

Wir möchten jeden ermutigen, sich Metriken zu Nutze zu machen, um zu lernen und um gemeinsam das eigene Team und die ganze Organisation weiterzuentwickeln.

Wir hoffen, dass wir mit diesem Buch einen kleinen Beitrag dazu leisten können.

---

[1] The Economist (2017). The world's most valuable resource is no longer oil, but data, abgerufen am 01.03.2022, Link: https://www.economist.com/ leaders/ 2017/05/06/the-worlds-most-valuable-resource-is-no-longer-oil-but-data.

[2] Über 17 Millionen Suchergebnisse für den Satz „daten sind das neue öl" sprechen an dieser Stelle wohl für sich (Stand: 07.03.2022).

[3] Wikipedia (2022). Demingkreis, abgerufen am 01.03.2022, Link: https://de.wikipedia.org/wiki/Demingkreis.

[4] Wikipedia (2022). DMAIC, abgerufen am 01.03.2022, Link: https://de.wikipedia.org/wiki/DMAIC.

[5] Schwaber, K., Sutherland, J. (2020). Der Scrum Guide. Der gültige Leitfaden für Scrum: Die Spielregeln, abgerufen am 29.12.2021, Link: https://scrumguides.org/docs/scrumguide/v2020/2020-Scrum-Guide-German.pdf.

1. Intro

1.1. Um was geht es hier, Zebra?

Es ist ein schwüler Freitagnachmittag im Sommer. Ein leichter Wind sucht sich seinen Weg durch einen großen Komplex von grauen, hohen Industriegebäuden, gespickt mit kleinen grünen Inseln mit dünnen Bäumchen und trockenem Gras auf den Gehsteigen. Ein Zebra betritt den Raum in einem der Bürogebäude, der von gleißendem Sonnenlicht erfüllt ist. Zum Teil sind Jalousien heruntergelassen, eine Klimaanlage rasselt. Es erblickt einige Sitzgelegenheiten in Form eines Kreises, vorne im Raum eine bunte Wand. Da! Es hat jemanden entdeckt und läuft lächelnd mit großen Schritten auf ihn zu, setzt zu einer Begrüßung an und bleibt dann abrupt stehen: Vor ihm schwebt eine dunkelgraue Gewitterwolke, aus der große Regentropfen auf den Boden fallen und donnernde Geräusche zu hören sind. Sie wirft dem Zebra einen finsteren Blick zu. Verdutzt und auf einmal traurig haucht es ein leises „Hallo." und setzt sich geknickt etwas weiter entfernt auf einen Hocker. Plötzlich geht die Tür erneut auf und ein Sportwagen rast herein. Mit quietschenden Reifen und einer Vollbremsung kommt er in der Mitte des Raumes zum Stehen, wobei er deutliche Reifenspuren auf dem Teppich hinterlässt. Der Geruch von Gummi, Benzin und Rauch steigt dem Zebra in die Nüstern. „Was für ein fantastischer Start, ich bin auf der Überholspur – das macht Spaß, ich will gleich weiter!" schallt es jauchzend aus der Raummitte, als die Umrisse eines jungen Mannes in der Tür erkennbar werden. Mit lautem Keuchen und völlig außer Atem stützt er seinen Oberkörper mit den Händen auf den Oberschenkeln ab. Das zerknitterte und rissige Papier mit der Startnummer auf dem Bauch des Läufers hat sich an zwei Stellen schon gelöst, weil die Sicherheitsnadeln offen oder abgefallen sind. Das enganliegende, grüne Shirt und die Shorts haben an beiden Seiten jeweils zwei längliche, leuchtend gelbe Streifen und sind von Schweiß getränkt. Der Sprint-Olympiasieger torkelt mit letzter Kraft zu einem der Stühle, lässt sich darauf fallen und zieht die Schnürsenkel seiner abgewetzten Spikes fest. „Nur noch ein paar Meter, wir sind kurz vor dem Ziel…" presst er unter Schnaufen hervor und saugt die Luft anschließend mit einem lauten Geräusch wieder ein.

Was sich anhört wie ein verrückter Traum, ist die metaphorische Beschreibung verschiedener Typen in einer Feedback-Runde, die im Sinne der agilen Prinzipien[1] in agil arbeitenden Teams regelmäßig abgehalten wird, um die Effektivität und die Qualität des Teams zu erhöhen[2]. Diese Runden können mit einer Stimmungsabfrage begonnen werden, um die unterschiedlichen Gefühle und Empfindungen der Teammitglieder einzufangen. Der Gewitterwolke mag es nicht sonderlich gut gehen, da sie am Tag zuvor eine Auseinandersetzung mit einem Kollegen hatte und zudem noch ein schreiendes Baby zuhause hat, welches ihr jede Nacht den Schlaf raubt. Wird sie nun gefragt, wie es im Team läuft und auch wie die letzten Wochen oder die letzte Iteration als Zeit seit der letzten Reflektion verlaufen sind, macht sie es möglicherweise – wie alle anderen Teammitglieder – an den eigenen Gefühlen und Eindrücken fest, die eben auch durch die ganz individuelle Stimmung geprägt sind.

Niemand kann so richtig sagen, wie gut oder schlecht die Arbeit wirklich gelaufen ist und ob oder inwiefern sich das Team in seiner Arbeit, seinen Methoden und Prozessen im Zeitverlauf verbessert hat. In Organisationen mit mehreren Teams, zum Beispiel in größeren Unternehmen, ist jedoch der Beitrag jedes einzelnen Teams zur kontinuierlichen Verbesserung zur Erreichung langfristigen Unternehmenserfolgs wichtig und sollte aus diesem Grund auch feststellbar, also in irgendeiner Form messbar, sein. Gleichzeitig ist der Umgang mit Messungen und der daraus folgenden Transparenz nicht immer einfach. Deshalb haben wir dieses Buch geschrieben.

1.2. Für wen und wozu schreiben wir eigentlich?

An wen wir uns mit diesem Buch in erster Linie richten, möchten wir mit der Beschreibung von zwei Personas beantworten: Nina und Udo. Mit ihren 26 Jahren steht Nina am Anfang ihrer beruflichen Karriere. Sie arbeitet als Agile Coach in einem mittelständischen Unternehmen in ihrem Geburtsort Hamburg und hat bereits erste Zertifizierungen im agilen Umfeld erworben. Sie möchte sich stärker in ihrem Unternehmen positionieren und ihren Beitrag zum Erfolg aufzeigen. Aus diesem Grund will sie sich mit Metriken und ihrer Anwendung beschäftigen. Aus unserer Praxis können wir Nina Folgendes mit auf den Weg geben:

1. Metriken und Agilität gehören zusammen.
2. Es geht darum, sich zu verbessern, nicht um Kontrolle.
3. Wir nutzen Metriken vom Team für das Team.

In den folgenden Kapiteln geben wir konkrete Anwendungsbeispiele und Tipps zum praktischen Einsatz von Metriken in Teams.

Was wir mit diesem Werk nicht erreichen möchten, ist eine Bibel mit einem unübersichtlichen Blumenstrauß an Metriken und deren Möglichkeiten, aber ohne konkrete Tipps zur Anwendung. Wir möchten Nina einen einfachen Start ermöglichen und ihr „Hilfe zur Selbsthilfe" beziehungsweise Unterstützung zur Weiterentwicklung bieten; daher legen wir Wert auf eine Hands-On-Vorgehensbeschreibung als Orientierungshilfe. Wir geben Mut, loszulegen und in eine Schleife der stetigen Überprüfung und Anpassung zu gelangen, um kontinuierlich Fortschritte zu erzielen.

Udo ist ein Agile Leader, also eine klassische Linienführungskraft mit agilem Mindset, 43 Jahre alt und hat zwei Kinder. Udo hatte bereits verschiedene Rollen in Unternehmen inne, auch klassische, etwa als Entwickler, Chefingenieur oder Projektleiter. Er ist gefestigt in seiner Meinung und Person und hatte während seines beruflichen Werdegangs bereits einige Berührungspunkte mit Metriken. Er wurde schon oft gebeten, Schätzungen abzugeben, oder erfragt diese in seiner

Funktion selbst, wie Aussagen zu möglichen Auslieferungsterminen oder Workload gegenüber Kunden oder internen Stakeholdern. Oftmals waren Udos Erfahrungen negativ, da die Verwendung von Kennzahlen schon häufig dazu geführt hat, dass es Ärger gab. Das Verfehlen von vermeintlichen Zielwerten führte zu Eskalationen und Erklärungsnot für ihn und sein Team, statt als Ausgangsbasis für Verbesserungen gesehen zu werden. Prinzipiell hat Udo jedoch den Nutzen von Metriken erkannt – bei aussagekräftigen, geeigneten Metriken im passenden Setting. Er ist immer experimentierfreudig und will sein Team damit aus der Komfortzone locken. Über das Buch sucht Udo Austausch und neue Inspiration. Er erwartet eine fundierte, handfeste Basis und einfache Metriken, die man gut in Bestehendes einbinden kann. Wir liefern Udo faktenbasierte Denkanstöße für neue Ideen und andere Blickwinkel, die zur beruflichen, aber auch persönlichen Weiterentwicklung beitragen können.

Wir fassen im vorliegenden Buch Erkenntnisse aus verschiedenen Funktionen und Rollen im agilen Umfeld in Unternehmen zusammen, die wir selbst innehatten und -haben. Die Erkenntnisse aus echten Teams, echten Erlebnissen und echten Lernprozessen teilen wir mit Dir als Leser für Deine alltägliche Praxis. Das Buch hat den Anspruch, die Erfahrung aus der Unternehmenspraxis mit Empirie und Rückgriffen auf Literatur zu kombinieren. Mit dieser Kombination wollen wir Dich auf unsere Reise einladen. Essenziell im Zusammenhang mit Metriken ist für uns das Folgende: Machen und ausprobieren, anfangen und in kleinen Schritten kontinuierlich Veränderungen und Verbesserungen vorantreiben. Dabei ist es wichtig, nicht den zweiten Schritt vor dem ersten zu tun, aber dafür morgen mit dem ersten anzufangen. Dies liegt uns am Herzen. Dazu wollen wir Dir mit dem Buch den Anstoß geben.

1.3. Wo kommen wir her und wo setzen wir an?

Durch eine sich immer schneller verändernde Umwelt, die heutzutage oft VUKA-Welt genannt wird, weil sie sich durch Volatilität, Unsicherheit, Komplexität und Ambiguität auszeichnet, müssen Unternehmen agil auf äußere Einflussfaktoren reagieren können. Um überlebensfähig zu bleiben, müssen Organisationen sich kontinuierlich verbessern:

"Without improvement, any organization will fail."

- John Bicheno, Matthias Holweg (2009)

Die Sicherung von Wettbewerbsfähigkeit ist ein hartes Stück Arbeit[3] und kommt nicht von ungefähr, weil das Bewusstsein für Verbesserungen dafür in allen Ebenen, Wertströmen und Prozessen einer Organisation verankert werden muss[4]. Der erste, der die kontinuierliche Verbesserung als Teil seiner Unternehmensphilosophie ansah, war der Toyota-Gründer Sakichi Toyoda. Mit dem Ziel, eine bestmögliche Qualität, geringste Kosten und kürzeste Durchlaufzeiten zu erreichen, entwickelte sich daraus Mitte des 20. Jahrhunderts das so genannte Toyota Produktionssystem (TPS). Dieses wird auch heute noch als Basis für zahlreiche Lean-Management-Initiativen herangezogen, um Unternehmen schlank und effizient aufzustellen. Es handelt sich beim TPS um eine Zusammenstellung von Instrumenten, die eine konsequente Ausrichtung am Bedarf (Just-in-Time) und am Qualitätsanspruch (Jidoka) der Kunden sicherstellt. Über die bloße Anwendung dieser Werkzeuge und Methoden hinaus geht es jedoch vor allem darum, eine lernende Organisation zu kreieren. Jedes Mitglied der Organisation soll ermutigt werden, die eigene Arbeit mit Hilfe von Experimenten und durch ständiges Lernen zu verbessern.[5] Auf dieser Basis wurde der sogenannte PDCA-Zyklus entwickelt, der sich aus den Schritten Plan (Planen), Do (Ausführen), Check (Prüfen) und Act (Handeln) zusammensetzt. Er ist ein „geeignetes Instrument zur stetigen Verbesserung von Arbeitsmethoden bzw. -prozessen [...] in kleinen Schritten"[6]. „Sehen Lernen" ist also eine wichtige Voraussetzung, um Verbesserungen zu erzielen: Zuerst müssen passende Ansatzpunkte identifiziert werden (Check), die dann bearbeitet werden können (Act)[7].

Der Logik des PDCA-Zyklus folgend ist Transparenz (Sichtbarkeit) neben Inspektion (Überprüfung) und Adaption (Anpassung) eine der drei Säulen von Scrum. „Scrum ist ein leichtgewichtiges Rahmenwerk, welches Menschen, Teams und Organisationen hilft, Wert durch adaptive Lösungen für komplexe Probleme zu generieren."[8] Der Studie „Status Quo (Scaled) Agile 2019/20" zufolge ist Scrum mit 84 Prozent nach wie vor der meistgenutzte agile Ansatz auf Teamebene. Aufbauend darauf gibt es verschiedene Skalierungsrahmenwerke, die dann zum Einsatz kommen, wenn mehr als ein Team an der Erstellung eines gemeinsamen Produktes beteiligt ist. Wie agile Rahmenwerke und Methoden funktionieren, wurde an anderen Stellen bereits beschrieben und soll nicht Gegenstand dieses Buches sein. Es ist uns jedoch wichtig, anzumerken, dass die Erfolgsquote agiler Ansätze merklich positiver als die des klassischen Projektmanagements bewertet wird.[9]

Scrum hilft dabei, agile Werte und Prinzipien zu operationalisieren und im täglichen Leben zu verankern. Agile Prinzipien liegen dem Agilen Manifest[10] zu Grunde, das im Jahr 2001 von 17 Softwareentwicklern verfasst wurde, um durch eine neue Haltung eine bessere Arbeitsweise zu erzielen. Die Formulierungen des agilen Manifests und der Prinzipien enthalten demzufolge oft das Wort „Software". Dieses lässt sich jedoch durch Arbeitsergebnis ersetzen; Manifest und Prinzipien sind somit für jede Form von Produkten und Dienstleistungen übertragbar. Verschiedene Arbeitsformen des agilen Projektmanagements sowie der Produktentwicklung haben sich daher in Unternehmen unterschiedlicher Branchen und Größen etabliert.[8]

In den agilen Prinzipien[1] lassen sich einige Hinweise auf Messbarkeit und kontinuierliche Verbesserung, also die Kernthemen unseres Buches, finden:

- Unsere höchste Priorität ist es, den Kunden durch frühe und kontinuierliche Auslieferung wertvoller Software zufrieden-zustellen.
- Liefere funktionierende Software regelmäßig innerhalb weniger Wochen oder Monate und bevorzuge dabei die kürzere Zeitspanne.
- Funktionierende Software ist das wichtigste Fortschrittsmaß.
- Agile Prozesse fördern nachhaltige Entwicklung. Die Auftraggeber, Entwickler und Benutzer sollten ein gleichmäßiges Tempo auf unbegrenzte Zeit halten können.
- Einfachheit – die Kunst, die Menge nicht getaner Arbeit zu maximieren – ist essenziell.
- In regelmäßigen Abständen reflektiert das Team, wie es effektiver werden kann und passt sein Verhalten entsprechend an.

Die Autoren des Agilen Manifests und der dahinterliegenden Prinzipien wurden vereint durch ihren Hintergrund in der Softwareentwicklung. Aus diesem Grund bezieht sich beides darauf und der Begriff „Software" taucht häufig auf. Wir glauben jedoch, dass die Inhalte sich auch auf jede andere Tätigkeit oder Branche übertragen lassen und schlagen vor, beim Lesen „Software" gedanklich durch „Arbeitsergebnisse" zu ersetzen.

Gemäß der Natur eines Prinzips enthalten die agilen Prinzipien noch keine genauen Handlungsanleitungen, sondern stecken nur den Rahmen bzw. die Grundlage für das Handeln ab. Die Frage ist also weiterhin, wie sich Fortschritt sichtbar machen lässt, woran Prozesse gemessen werden können und wodurch sich eine Verbesserung überhaupt zeigt. Dieses Buch liefert Antworten darauf, wie wir mit Hilfe von Metriken die Situation eines Teams „Sehen", „Verstehen" und „Verbessern" können.

1.4 Zwei Begriffe zum Einstieg…

In der Literatur finden sich zahlreiche Definitionen zum Begriff Team. Van Dick und West verwenden folgende Definition als Zusammenfassung anderer etablierter Teamdefinitionen: „Ein Team ist eine Gruppe von Individuen, die wechselseitig voneinander abhängig und gemeinsam verantwortlich sind für das Erreichen spezifischer Ziele für ihre Organisation" [11]. Diese Definition bezieht sich explizit auf Teams im Arbeitskontext und ist deshalb für das Buch gut geeignet. Daraus ergeben sich einige Implikationen bezüglich der Eigenschaften von Teams. So sind zwei oder mehr Personen erforderlich, um von einem Team sprechen zu können. Spezifische, gemeinsame Ziele sind ebenso kennzeichnend wie die gemeinsame Verantwortung für deren Erreichung. Charakteristisch ist weiter die wechselseitige Abhängigkeit von der Leistung der jeweiligen Teammitglieder sowie die Interaktion und Vernetzung der Mitglieder untereinander.

In Teams findet außerdem eine Rollendifferenzierung statt. Die Teammitglieder nehmen also verschiedene Rollen, Verantwortlichkeiten und Funktionen ein. Weitere Merkmale sind eine zeitliche Stabilität, eine gemeinsame Identität sowie eine Abgrenzung nach außen, wonach stets klar ist, wer Mitglied eines Teams ist und wer nicht [12]. Nach Scheller liegt es wesentlich an den Teams selbst und ihrer Umwelt, das Leistungspotential der Teams voll auszuschöpfen [13]. Dann kann es zu den oben genannten dauerhaft besseren Ergebnissen, mehr Produktivität sowie Motivation und Erfüllung kommen und letztendlich den Kunden und sich selbst glücklich machen.

Im agilen Kontext sprechen wir insbesondere von selbstgeführten (selfmanaging) Teams, die selbst darüber entscheiden, was sie wie umsetzen und welche Teammitglieder die jeweilige Aufgabe übernehmen [2]. Dementsprechend liegt es auch in ihrer Verantwortung, sich als Team und die Art ihrer Zusammenarbeit kontinuierlich weiterzuentwickeln. Dabei geht es unter anderem darum, Prozesse zu beschleunigen, notwendige Fähigkeiten aufzurüsten oder Konflikte auszuräumen. Transparenz, Inspektion und Adaption sind auch in diesem Zusammenhang der Schlüssel zum Erfolg. Ein passender, von Vertrauen geprägter Rahmen ist hierfür die Voraussetzung. Darüber erfährst Du mehr im Kapitel 2.

Bereits durch die Globalisierung, die durch eine zunehmende Digitalisierung beschleunigt wurde und insbesondere durch die pandemiebedingte Situation der letzten Jahre haben Remote Work und mobiles Arbeiten signifikant zugenommen. Die Zahl der Teams, die virtuell zusammenarbeiten und sich nur selten oder sogar gar nicht mehr im physischen Raum treffen, ist rasant gestiegen. Diese Entwicklungen lassen es zunehmend wichtiger werden, den Blick auf das Team als solches zu richten. Auch im virtuellen Raum gilt es, Transparenz zu schaffen, um im zwischenmenschlichen Kontext Stimmungen und Gemütslagen zu erkennen und darauf aufbauend Hindernisse oder Störfaktoren in der Zusammenarbeit zu beseitigen. Im Kapitel 2.5 findest Du dazu einige Hinweise.

Bevor Du weiterliest, möchten wir Dir den Begriff **Metrik** aus unserer Perspektive näherbringen. Darum geht es schließlich in diesem Buch. Also was ist eine Metrik? Messung, Kennzahl oder Key Performance Indicator? Es gibt viele potenzielle und ähnliche Begrifflichkeiten und doch landen wir wieder bei Metrik. Warum? Metriken, wie wir sie hier verstehen, helfen uns, Transparenz herzustellen, indem sie uns Strukturen an die Hand geben, Informationen griffig darzustellen und zu visualisieren. Damit wird das gefühlte "Passt schon." verlassen und ein konkretes "Da schau her!" gefunden.

Auf Basis der gesammelten Daten lassen sich Unterschiede zwischen Soll- und Ist-Zuständen erkennen. Aber auch Unterschiede qualitativer Natur lassen sich beschreiben, wenn es darum geht, Ideen zu generieren oder verschiedene Einschätzungen im Team zu besprechen. Wir wollen hier den Begriff der **Metrik** im Unterschied zu Kennzahl bzw. Key Performance Indikator erläutern. Für ein tieferes Verständnis dieser Begriffe ist es hilfreich, erst einmal zwischen Daten, Informationen und Wissen zu differenzieren. Daten stellen im ersten Schritt reine Zahlen dar, die ohne einen Kontext wenig aussagefähig sind. So ist 21062001 eine Zahl, mit der wir erst einmal nicht viel anfangen können. Stellen wir die Zahl in den Kontext „Geburtsdatum", dann lässt sich in der Zahl die Information erkennen, dass es sich um den Tag der Geburt einer Person handelt, nämlich um den 21. Juni 2001. Der Kontext verleiht der Zahl ihre Bedeutung und verleiht ihr die Qualität einer Information. Von Wissen sprechen wir, wenn mehrere Informationen zusammengeführt werden. Das Geburtsdatum 21. Juni 2001 ergänzt um den Namen Petra und den Geburtsort München vermittelt uns das Wissen über eine Person: Petra, die am 21. Juni ihren Geburtstag feiert und in München das Licht der Welt erblickte.

In der Beschäftigung mit Begriffen wie Metriken oder Kennzahlen, zeigt sich schnell, dass es unterschiedliche Vorstellungen gibt, wie die Begriffe zu verstehen sind. Manche ziehen eine klare Line und halten daran fest, dass unter Metriken Datenquellen verstanden werden, die wenig aussagefähig sind, solange sie nicht in einen Kontext gesetzt werden. Sie werden dann zu einer Kennzahl, wenn Daten in den Kontext der Erreichung eines Ziels gesetzt werden. Kennzahlen werden auch als quantifizierbare Zahlen verstanden, die Informationscharakter hinsichtlich einer spezifischen Fragestellung haben. Sie sind in ihrer Funktion vielseitig und werden für interne und externe Zwecke verwendet.[14,15]

Begrifflichkeiten wie „Kennzahl" oder „Key Performance Indicator", geht in der Regel direkt mit einer Bewertung („gut" oder „schlecht") einher. Sie sind üblicherweise auf ein Ziel ausgerichtet und helfen, den Erfolg bzw. die Zielerreichung zu messen und transparent zu machen, um die Steuerung von Prozessen zu ermöglichen.

In der Vergangenheit wurden in Unternehmen viele schlechte Erfahrungen damit gemacht, dass Kennzahlen in irgendeiner Form als Bewertung herangezogen werden, statt die Daten als Chance zum Lernen und als Basis für Verbesserungen zu sehen. Warum das so ist, kannst Du im Kapitel 2.2 nachlesen.

Davon wollen wir uns also lösen und Kennzahlen wertneutral betrachten. In diesem Zusammenhang folgen wir der Mathematik, in der eine Metrik auch als Abstandsfunktion bezeichnet, die der Bestimmung des Abstands zwischen zwei Punkten im Raum dient[16]. Aus unserer Sicht sind Metriken zunächst einmal also nichts anderes als Informationen, die ohne Bewertung bei der Feststellung des eigenen Standpunkts helfen. Auf diese Weise wird Transparenz geschaffen, was durchaus auch qualitativ erfolgen kann – also ohne Zahlen. Jedenfalls haben wir uns entschieden, auch für dieses Buch den Begriff „Metrik" zu verwenden.

Statt „von oben" zu messen, wie leistungsfähig ein Team ist oder welches Team den besseren Job macht, sollten Metriken aus unserer Sicht außerdem einzig und allein dem Team helfen, das sie verwendet. Das Team kann durch den Einsatz erkennen, wo es steht und wie weit es von einem möglicherweise gewünschten Wert entfernt ist. Welche Themen dabei gerade im Fokus stehen, ist kontextabhängig und damit je Team individuell. Selbstverständlich ändern sich die relevanten Themen auch über die Zeit. Von einem allgemeingültigen Kennzahlen-system für mehrere Teams oder gar das ganze Unternehmen raten wir daher ab. Das heißt natürlich nicht, dass wir empfehlen, ein Unter-nehmen im Blindflug zu führen. Auf jeden Fall sollten Controlling-Systeme existieren, um Transparenz über den aktuellen Zustand des Unternehmens zu haben. Sie sollten jedoch nicht dazu verwendet werden, Teams zu „micromanagen". Vielmehr sollten übergeordnete Werte den Teams transparent gemacht werden, damit sie ableiten können, welche Metriken ihnen wiederum helfen, einen positiven Ein-fluss auf die Lage des Unternehmens zu nehmen.

Idealerweise werden die Metriken vom Team selbst festgelegt, weiter-entwickelt, erfasst und ausgewertet. Aus diesem Grund gibt es auch nicht die eine richtige Metrik für agile Teams, sondern lediglich Beispiele, die für bestimmte Teams in einem bestimmten Kontext funk-tioniert haben und an denen andere Teams sich orientieren können.

Metriken, wie wir sie hier verstehen, helfen einem Team also, Transparenz herzustellen und Unterschiede zu erkennen. Es geht uns darum, Abstände zu einem Zustand, den wir als erstrebenswert einschätzen, deutlich zu machen. Dies geschieht, indem die Metriken dem Team Strukturen an die Hand geben, die Einschätzungen, Bewertungen und Ideen griffig darstellen und visualisieren. Damit verlassen wir das gefühlte "passt schon" und finden in ein konkretes "da schau her". Wie bereits angesprochen wurde, meinen wir dabei mit Metriken sowohl messbare Unterschiede zwischen Soll- und Ist-Zuständen als auch Abweichungen qualitativer Natur, um Ideen zu generieren oder verschiedene Einschätzungen im Team zu besprechen. Das Wertvolle an der Erhebung von Metriken ist nicht das Ergebnis selbst, sondern der Dialog über sie.

Eine letzte Bemerkung zum Thema Metriken, bevor es so richtig losgeht, betrifft den Umfang, mit dem wir uns in diesem Buch beschäftigen wollen. In der Abbildung haben wir fünf Sichten auf ein Unternehmen dargestellt, hinter denen sich jeweils ganz unterschiedliche Metriken verbergen und anlassbezogen ausgewählt werden können.

- **Marktsicht**: In dieser Sicht werden alle Metriken zusammengefasst, die der Beschreibung der „Großwetterlage" dienen, in der sich ein Unternehmen befindet. Dazu gehören Marktinformationen wie Kunden- und Wettbewerbsdaten, aber auch die politische Lage und sonstige Umfeldfaktoren.
- **Organisationssicht**: Metriken, die sich auf die Lage des Gesamtunternehmens beziehen, lassen sich in dieser Sicht bündeln. Hierzu zählen Metriken, die den Erfolg eines Unternehmens (z.b. Marktanteile, Kundenzufriedenheit) beziffern oder die Organisation beschreiben (z.b. Angestelltenquote).
- **Produktsicht**: Eine Betrachtung bestimmter Arbeitsergebnisse, aber auch ganzer Produkte und Dienstleitungen, findet sich in dieser Sicht wieder. Hierzu gehören Qualitätsmetriken wie die Anzahl an Defekten, insbesondere sogenannte „Escaped Defects"[17], die erst beim Kunden aufgespürt werden.
- **Teamsicht**: Diese Sicht fasst alle Metriken zusammen, die den Arbeitsfluss im Team transparent machen bzw. dazu dienen, diesen überhaupt zu ermöglichen oder zu verbessern. Ein zufriedenes Team, das die „richtigen" Dinge in einer nachhaltigen Art und Weise tut, steht im Mittelpunkt der Betrachtung.
- **Individuelle Sicht**: Die letzte Sicht ist die individuelle, die sich auf Einzelpersonen bezieht. In der Vergangenheit hat sie sich häufig in individuellen Zielvereinbarungen niedergeschlagen. Eine Facette könnte auch sein, wieviel Zeit eine Person mit Weiterbildung verbringt im Verhältnis zur Gesamtarbeitszeit.

Du siehst, Metriken sind ein weites Feld. In diesem Buch beschränken wir uns ausschließlich auf Metriken, die sich auf die Arbeit im Team beziehen und die dazu geeignet sind, sowohl die Zusammenarbeit im Team als auch die Arbeitsabläufe eines Teams zu verbessern.

1 Beck, K. et al. (2001). Prinzipien hinter dem agilen Manifest, abgerufen am 29.12.2021, Link: https://agilemanifesto.org/iso/de/principles.html.

2 Schwaber, K., Sutherland, J. (2020). Der Scrum Guide. Der gültige Leitfaden für Scrum: Die Spielregeln, abgerufen am 29.12.2021, Link: https://scrumguides.org/docs/scrumguide/v2020/2020-Scrum-Guide-German.pdf.

3 Paris Jr., J. F. (2017). State of Readiness: Operational Excellence as Precursor to Becoming a High-Performance Organization, Greenleaf Book Group Press.

4 Bicheno, J., Holweg, M. (2009). The Lean Toolbox: The Essential Guide to Lean Transformation John Bicheno, PICSIE Books.

5 Liker, J. K. (2016). Der Toyota Weg. 14 Managementprinzipien des weltweit erfolgreichsten Automobilkonzerns, FinanzBuch Verlag.

6 Syska, A. (2006). Produktionsmanagement: Das A - Z wichtiger Methoden und Konzepte für die Produktion von heute, Gabler.

7 Bicheno, J., Holweg, M. (2009). The Lean Toolbox: The Essential Guide to Lean Transformation, PICSIE Books.

8 Schwaber, K. (2007). Agiles Projektmanagement mit Scrum. Deutschland: Microsoft Press Deutschland.

9 Komus, A. et al. (2020). Ergebnisbericht: Status Quo (Scaled) Agile 2019/20. 4. Internationale Studie zu Nutzen und Erfolgsfaktoren (skalierter) agiler Ansätze. BPM-Labor für Business Process Management und Organizational Excellence. Hochschule Koblenz University of Applied Sciences.

10 Beck, K. et al. (2001). Manifest für Agile Softwareentwicklung, abgerufen am 14.01.2022, Link: https://agilemanifesto.org/iso/de/manifesto.html.

11 Van Dick, R., West, M. (2013). Teamwork, Teamdiagnose, Teamentwicklung, Hogrefe.

12 Wirtschaftspsychologische Gesellschaft (WPGS) (o.J.). 3. Team und Gruppe: Definition, Merkmale und Unterschied, abgerufen am 14.01.2022, Link: http://www.wpgs.de/content/view/529/366/.

13 Scheller, T. (2017). Auf dem Weg zur agilen Organisation – Wie Sie Ihr Unternehmen dynamischer, flexibler und leistungsfähiger gestalten, Verlag Franz Vahlen GmbH.

14 Reichmann, T., Kißler, M., Baumöl, U. (2017). Controlling mit Kennzahlen. Die systemgestützte Controlling-Konzeption. 9., überarbeitete und erweiterte Auflage, Vahlen.

15 Reichmann, T., Lachnit, L. (1976). Planung, Steuerung und Kontrolle mit Hilfe von Kennzahlen. Schmalenbachs Zeitschrift für betriebswirtschaftliche Forschung ZfbF, Vol. 28.1976, 10/11, S. 705-723, Springer Gabler.

16 Wikipedia (2022): Metrischer Raum, abgerufen am 07.01.2022, Link: https://de.wikipedia.org/wiki/Metrischer_Raum.

17 Kersten, M. (2018). Project to Product. IT Revolution.

2. Und warum ist das so schwer?

2.1 Methodengläubigkeit

In der Praxis beobachten wir, dass Menschen sich mit großer Begeisterung auf Rahmenwerke wie Scrum oder Methoden und Werkzeuge zur kontinuierlichen Verbesserung stürzen. Sie vergessen dabei allerdings, dass eine Organisation sich vor allem dadurch auszeichnet, dass es sich um ein menschliches System handelt und sie nicht nur Prozesse und Methoden abbildet. Wenn eine Methode also ohne Nachdenken verwendet wird, dann ist die Gefahr groß, dass ein Cargo-Kult[1] entsteht, statt echte gelebte Veränderung. Warum?

Alle Rahmenwerke, Methoden und Werkzeuge, die in der Vergangenheit erfunden wurden, sind zunächst einmal Aktivitäten in einem ganz bestimmten Zusammenhang, um Unternehmensziele zu erreichen. Sie lassen sich nicht einfach von einer Situation auf eine andere übertragen. Vielmehr sollten sie in einer Veränderungskultur anlassbezogen und auf natürliche Weise entstehen und ersetzt werden, sobald sie nicht mehr nützlich sind – dies erfordert einen guten Informationsfluss und Feedbackloops. Genau das gleiche gilt aus unserer Sicht auch für Metriken: Sie sollten kontextbezogen sein, also für ein spezielles Problem erdacht und verwendet werden. Und sie sollten immer dann ausgetauscht werden, wenn es relevantere oder aussagekräftigere gibt. Sofern auf Ansätze – Methoden oder Metriken – zurückgegriffen wird, die bereits zum Erfolg geführt haben, müssen sie für die neue Situation entsprechend adaptiert werden. Bitte beachte das, sobald Du ins Kapitel 3 einsteigst. Wir haben Dir einige Beispiele zusammengetragen, die wir gerne verwenden und freuen uns, wenn Du Dich davon inspirieren lässt. Mache Dir aber vor der Anwendung einer Metrik Gedanken, wie sie Dir helfen kann. Denn die Voraussetzung für das Zurückgreifen auf bekannte Ansätze ist, dass jeweils Mechanismus und Effekt eines Ansatzes verstanden wurden. Übrigens sollte die

Entscheidung über die Art der Zusammenarbeit, das heißt auch über die Verwendung von Rahmenwerken, Methoden und Werkzeugen, im Team, also am Ort des Geschehens, getroffen werden. Zwar ist es nötig, solche Entscheidungen im Einklang mit der strategischen Stoßrichtung eines Unternehmens zu treffen, jedoch besteht kein Grund, dafür in jedem Team die gleichen Aktivitäten anzustreben. Es handelt sich schließlich um ein System, das durch unterschiedliche Menschen geprägt wird und dessen organisatorische Bestandteile in der Folge verschieden funktionieren können.[2]

2.2 Schädliche Verwendung

"While we are bound to live in an age of measurement,
we live in an age of mismeasurement, over-measurement,
misleading measurement, and counter-productive measurement."

- Jerry Z. Muller (2018)

Hin und wieder hören wir, dass Metriken meist vor dem Hintergrund eines tayloristisch geprägten Managementbildes[3] betrachtet werden und mit ihnen das Ziel verfolgt wird, die Mitarbeitenden zu überwachen und vor allem die „Ressource" Mensch stärker aus-zulasten. Vielleicht kennst Du auch Fälle, bei denen Zahlenwerke gegen das Team verwendet wurden – um Mehrarbeit zu rechtfertigen oder sogar, um einen unliebsamen Kollegen aus seiner Position zu kegeln.

Eine Messung lohnt sich auch nicht in jedem Fall. Nicht wenige Menschen haben schon einmal nächtelang Berichte angefertigt, da die Erfassung und Auswertung der Daten so viel Aufwand bedeutet, dass es tagsüber nicht zu schaffen war. Im schlimmsten Fall wird nur ein Bruchteil ihrer Darstellungen verwendet – wenn überhaupt. Es über-rascht uns deshalb nicht, dass viele Teams eine gespaltene oder ambivalente Meinung zu Metriken hegen, allerdings sind sie aus dem Arbeitsalltag nicht mehr wegzudenken.

Es gibt zahlreiche Einsatzmöglichkeiten für Metriken und deren Einsatz kann wirklich hilfreich sein[4]. Im Zusammenhang mit Metriken ist es jedoch von hoher Bedeutung, wie ein Unternehmen mit ihnen umgeht. Ist die Kultur der Organisation eher von Kontrolle geprägt, so werden Metriken – im Sinne von Kennzahlen bzw. KPIs – zentral vorgegeben und möglicherweise nicht an veränderte Rahmenbedingungen angepasst. Der Fokus kann sich dabei leicht auf das Erreichen von bestimmten Ergebnissen verschieben, weil im Falle eines Misserfolgs Nachteile oder sogar Strafen drohen. Zukunftsfähige Organisationen benötigen keine Metriken für diesen Zweck. In solchen Organisationen dienen Metriken dem Aufspüren von Problemen, so dass betroffenen Personen oder Teams Unterstützung zur Verfügung gestellt werden kann.[2]

Üblicherweise sollen mit Metriken positive Effekte erzielt werden. Ihr Einsatz basiert auf den vermutlich insgesamt gut gemeinten Annahmen, dass[4]:

- es eine gute Idee ist, menschliches Urteilsvermögen durch standardisierte Zahlenwerke und vermeintlich vergleichbare Performance-Indikatoren zu ersetzen,
- Menschen sich durch an Zahlenwerke geknüpfte Belohnungen und Strafen sinnvoll motivieren lassen und
- das Veröffentlichen von Metriken dazu führt, dass Verantwortungsgefühl entsteht und passiert, was passieren soll.

Wir haben jedoch bereits sehr häufig erlebt, dass Metriken auf eine schädliche Art und Weise verwendet wurden. Dabei hat sich gezeigt, dass es sinnvoll ist, das menschliche Urteilsvermögen durch Metriken zu unterstützen; blindes Vertrauen auf Zahlenwerke halten wir aber für gefährlich. Auch die extrinsische Motivation durch Belohnungen oder Strafen sorgt für eine fremdgesteuerte Fokussierung ohne Hinterfragen, die Eigeninitiative nachhaltig stört. Positive oder negative Konsequenzen führen meist nur zu kurzfristigen Erfolgen, statt nachhaltige Motivation sicherzustellen. Metriken werden dann als Last, statt als Chance für Verbesserungen gesehen. Im Folgenden haben wir Dir typische Ausprägungen schädlichen Verhaltens im Umgang mit Metriken zusammengetragen, die wir bereits erlebt haben:

1. **Metriken dienen der Kontrolle:** Es ist fast schon verständlich, dass Menschen im Lichte von Performance-Metriken gut aussehen wollen, um für sich selbst einen Vorteil zu erreichen[2]. Allerdings steht die Angst vor schlechten Ergebnissen dann im Vordergrund – Personen und Teams fangen an, alles dafür zu tun, um vermeintlich „schöne" Zahlen zu produzieren. Da Angst selten ein guter Berater ist, kann dies in Aktionen ohne jegliche Wertschöpfung oder sogar zur Manipulation von Zahlen führen. Damit werden Metriken wertlos, weil Menschen anfangen, mit ihnen „zu spielen" und auf ihrer Basis keine zuverlässige Aussage mehr getroffen werden kann[4].

2. **Metriken werden mit Zielwerten versehen:** Dieser Punkt knüpft an den vorherigen an. Können die Zielwerte dann auch noch unmöglich erreicht werden, weil sie vielleicht viel zu ambitioniert sind oder weil Personen oder Teams mit ihrer Tätigkeit gar keinen Einfluss nehmen können, dann gesellen sich zu Angst im schlimmsten Fall auch noch Frust und Resignation dazu. Demotivierte und ausgebrannte Teams sind die Folge von überambitionierten Zielen[5].

3. **Metriken sind nicht nachvollziehbar:** Wenn Metriken von „jemandem" (zum Beispiel vom Management oder vom Controlling) erfunden werden und das Zustandekommen nicht nachvollziehbar ist, dann werden Teams sich diese kaum zu eigen machen. Aus diesem Grund empfehlen wir, dass Metriken von denjenigen entwickelt werden, die hinterher damit arbeiten.

4. **Metriken schweben im luftleeren Raum:** Wenn Teams ihre Metriken nicht selbst entwickeln, dann kann das natürlich auch

zur Folge haben, dass sie keinen Bezug zur eigenen Arbeit herstellen können. Dies wird dadurch verstärkt, dass Metriken auf anderen Unternehmensebenen und nicht auf der Teamebene entstehen. Metriken sollten aus unserer Sicht immer eine Verbindung zwischen der eigenen Aufgabe und der Unternehmensstrategie herstellen.

5. **Metriken erzeugen sehr hohen Aufwand:** Wenn die Erfassung und die Aufbereitung von Metriken sehr aufwendig sind, dann sollte unbedingt der Nutzen der jeweiligen Metrik in Augenschein genommen werden. Es könnte nämlich ein Punkt überschritten worden sein, an dem das Aufwand-Nutzen-Verhältnis ausbalanciert ist. In diesem Fall sollte von der entsprechenden Metrik Abstand genommen werden oder der Aufwand für die Erhebung reduziert werden. Der schlimmste Fall wäre, dass Metriken mit einem sehr hohen Aufwand erstellt werden und dann niemals genutzt werden.

6. **Metriken sind widersprüchlich:** Es kann Metriken geben, die konkurrieren oder sich gegenseitig ausschließen. Sind alle davon mit Zielwerten versehen und dienen die Metriken zusätzlich der Kontrolle, ist Frust vorprogrammiert. Werden Einzelpersonen oder Teams dann auch noch widersprüchliche Metriken auferlegt, die sie verfolgen sollen, kann das dazu führen, dass destruktiv gegeneinander, statt konstruktiv miteinander gearbeitet wird.

7. Metriken ändern sich ständig. Werden von außen auferlegte Metriken zum Moving Target, weil sich entweder die Metriken selbst oder die damit verbundenen Zielwerte in sehr kurzen Abständen verändern, dann kann dies zu vollständiger Verwirrung führen. Es wird für ein Team dann fast unmöglich, die eigenen Handlungen auf die Zielstellungen der Organisation auszurichten, die durch die Metriken möglicherweise verfolgt werden sollen.

8. **Metriken sind völlig irrelevant:** Insbesondere dann, wenn Metriken nicht vom Team selbst entwickelt, sondern „von oben" vorgegeben werden, kann die Relevanz für das eigene Tun abhandenkommen. Die Metriken lenken den Fokus dann auf etwas, zu dem das Team entweder keinen Bezug oder auf das es keinen Einfluss hat[4]. Metriken sollten sich also vielmehr auf den Fortschritt (bezogen auf das Arbeitsergebnis oder auf das Produkt) eines Teams beziehen. Sonst zeigen sie nicht, was das Team wirklich wissen will und braucht.

9. **Metriken sind verfälscht:** Im Umgang mit Metriken darf nicht vergessen werden, dass sie in der Regel für den Versuch verwendet werden, mit Komplexität umzugehen. Sie dienen als Basis für Entscheidungen, mit deren Hilfe Unsicherheit reduziert werden soll[6]. Es besteht jedoch eine große Abhängigkeit dahingehend, wie, von wem und auf welcher Basis Metriken erfasst werden und welche Rechenoperationen im Rahmen der Aufbereitung angewendet werden. So können Ergebnisse entstehen, die zwar solide aussehen, jedoch im Inneren verfälscht sind[4].

10. **Metriken sind ausschließlich mittelbare Indikatoren:** Viele Zahlenwerke, die als Metriken zum Einsatz kommen, sind in Wirklichkeit nur Indikatoren, die mittelbar und nachgelagert etwas zum Ausdruck bringen, was lange vorher passiert ist (lagging indicator). Die Kunst besteht also darin, diejenigen Metriken zu finden, die etwas darüber aussagen, was passieren wird (leading indicator).[7] Ein Team sollte zum Beispiel die Teamstimmung (leading indicator) erheben und bei schlechter Stimmung gegensteuern, statt es zu einer Kündigungswelle (lagging indicator) kommen zu lassen.

Insbesondere der letzte Punkt zeigt noch einmal sehr plastisch, dass Metriken bei aller Gefahr unbedingt nötig sind, um im richtigen Moment die richtigen Maßnahmen zu ergreifen. Vielleicht hast Du wie wir schon einmal erlebt, dass in einem Team keine Daten nachverfolgt wurden und es schwer zu sagen war, ob das Team im Verlauf der Zusammenarbeit besser geworden ist oder etwa welchen Fortschritt das Projekt in Bezug auf das Ziel zu verschiedenen Zeitpunkten gemacht hat. Diesen Blindflug gilt es unbedingt zu vermeiden und damit wären wir wieder beim Thema Transparenz als Voraussetzung für kontinuierliche Verbesserung.

2.3 Psychologische Sicherheit

Wenn Transparenz, also in diesem Fall die Verfügbarkeit von Informationen, fehlt oder sogar aktiv gegen diese gearbeitet wird, kann dies unterschiedliche Gründe haben: Bestimmte Organisationsstrukturen können stockende oder blockierte Kommunikations- und Informationsflüsse im Unternehmen sowie zwischen Abteilungen oder Teams zur Folge haben[8]. Ob jemand Informationen teilt oder nicht, hat darüber hinaus mit Anreizen aus unserer Umwelt zu tun: Je nachdem, wie wir aufgewachsen sind oder auch in Schule, Ausbildung und Beruf incentiviert wurden und werden, beeinflusst unseren Umgang mit Informationen. Individuelle Anreize und Karrierevorstellungen in Unternehmen können dem Teilen von Wissen und dem kollektiven Gedanken vom gemeinsamen Lernen und Weiterentwickeln entgegenwirken[9]. Oftmals ist dies aber kein rein organisatorisches Problem, sondern von zwischenmenschlicher Natur und tief in uns verankert. So kann schon die potenzielle Bedrohung von der Gruppe, für eine Vorschlag belächelt oder sogar aus einer Gruppe ausgestoßen zu werden, zum Schweigen eines Einzelnen führen[10]. Auch die Angst davor, dass eine Idee gestohlen wird und der Ideengeber keine Anerkennung dafür bekommt, spielt hierbei oftmals eine Rolle. Aber nicht nur Reaktionen von Kollegen, sondern auch zu befürchtende disziplinarische Konsequenzen, wie negative Bewertungen durch den Vorgesetzten, verpasste Beförderungen oder ein Image-Verlust, können sich hemmend auf den Wissens- und Informationsaustausch auswirken[11]. Hier kann man berechtigt die Frage stellen, wie auf dieser

Basis das Lernen voneinander und miteinander sowie gemeinsam zu wachsen in einem Team überhaupt funktionieren kann. Wie kann man dazu beitragen, dass ein Rahmen für diesen Austausch geschaffen wird?

Das Teilen von Wissen und der Austausch von positiven sowie negativen Erfahrungen setzt Psychologische Sicherheit voraus. Geprägt wurde der Begriff maßgeblich von Amy Edmondson und ihren Kollegen durch ihre Forschung an Teams: Psychologische Sicherheit beschreibt demnach die gemeinsame Wahrnehmung und Bereitschaft der Teammitglieder eines sicheren Austausches untereinander. „Sicherheit" bezieht sich hierbei auf das persönliche Risiko des Individuums sich gegenüber dem Team zu öffnen, Feedback zu geben, Wissen zu teilen oder Fehler anzusprechen. Dieses persönliche Risiko kann in bestimmten Situationen groß erscheinen, wenn negative Konsequenzen vermutet werden. Gegenseitiges Vertrauen und Respekt im Team können diesem wahrgenommenen Risiko entgegenwirken. Auf der einen Seite bedarf es dann einer Übernahme von Eigenverantwortung etwas anzusprechen bzw. zu kritisieren, und auf der anderen Seite muss die Akzeptanz und Offenheit in der Gruppe bestehen, diese Beiträge wertzuschätzen. Die Teammitglieder müssen bewusst oder unbewusst auf diese Voraussetzungen vertrauen, um sich in der Lage zu fühlen Fehler einzugestehen, Kritikpunkte offen anzusprechen und Verbesserungsvorschläge zu machen.[10]

Übung: Spreche etwas im Teamkontext an, obwohl Du befürchtest, dass es negative Reaktionen geben könnte. Fange mit kleinen Unsicherheiten an und steigere Dich gegebenenfalls, wenn Du positiv überrascht wirst und Du Dich sicherer fühlst. Für diese Übung ist allerdings auch ein gewisses Maß an Mut notwendig, denn es kann auch sein, dass die Reaktionen nicht wie erwünscht positiv sind. Dies ist dann ein Indiz für das Fehlen Psychologischer Sicherheit. Daher ist es wichtig, bewusst in diese Übung zu gehen und auch Deine eigenen

Grenzen zu kennen, um auszutesten welches Risiko Du eingehen möchtest. Bei dieser Übung kann auch ein Buddy-System helfen, damit Du immer einen Gesprächspartner hast, mit dem Du Fortschritte und Rückschritte besprechen kannst, so dass Du Dich nicht isoliert oder ausgestoßen fühlst. Suche Dir also einen Verbündeten!

Um auf die Bestandteile von Psychologischer Sicherheit noch etwas genauer einzugehen, betrachten wir im Folgenden den Prozess des Vertrauensaufbaus in sozialen Interaktionen. Im Aufbau von starken Beziehungen geht es demnach oft darum, Vertrauen unter den Teammitgliedern aufzubauen, was auf deren Verhalten beruht. Der Systemtheoretiker Niklas Luhmann beschreibt Vertrauen im Sinne eines „Zutrauens" in die Welt, welches uns ermöglicht mit einem All-tag voll Komplexität und unvorhersehbaren Risiken umzugehen. Die Voraussetzung von Vertrauen zwischen Menschen ist eine gewisse Vertrautheit, bei der Erfahrungswerte und Wissen über die andere Person benötigt werden – dies erlaubt es eine Erwartungshaltung zu bilden. Je größer die Vertrautheit ist, umso geringer ist das Risiko, ein Vertrauensverhältnis einzugehen. Allerdings besteht bei jeder Form von Vertrauen die Möglichkeit, dass es enttäuscht wird und somit schwingt stets eine gewisse Gefahr mit. Die „riskante Vorleistung" des „Erstvertrauens" kann nicht gefordert werden, sondern muss nach Luhmann „geschenkt und angenommen" werden[12].

Im Sinne der Social Exchange Theory[13] befinden sich Menschen stets in einem gewissen Abhängigkeitsverhältnis: Wenn beispielsweise Person A einer weiteren Person B einen Gefallen tut, steht Person B in der „Schuld", etwas zurückzugeben. Diese Reziprozität ist elementarer Bestandteil des Vertrauensverhältnisses. Durch kleine Aktionen, die noch nicht so viel Wert oder Bedeutung haben, kann langsam Vertrauen aufgebaut werden. Erwidert Person B den Gefallen oder den Vertrauensvorschuss aber nicht, leidet die Beziehung der beiden möglicherweise darunter und das Machtverhältnis zwischen ihnen verändert sich. Wenn Person B aber gleich mehrere Gelegenheiten bekommt, in denen sie Person As Vertrauen potenziell brechen könnte, sie dies aber nicht tut, wird die Beziehung stärker und das Vertrauen von Person A in Person B wächst.[14] Auch in unserer Praxis haben wir bereits viel Erfahrung mit der Vertrauensbildung in Teams gesammelt. Dabei konnten wir vier Dimensionen des Vertrauens beobachten. Beginnen wir mit dem Selbstvertrauen – das Vertrauen von einem selbst ausgehend in sich selbst. Wie oft hast Du Dich schon sagen hören: „Ich schaffe das nicht." oder zumindest: „Ob ich das kann?". Bezogen auf Psychologische Sicherheit braucht es einen gewissen Grad an Selbstvertrauen, um überhaupt Themen ansprechen zu können. Die nächste Dimension ist das Vertrauen in andere, von dem viele glauben, dass es ganz einfach ist. In der Tat geben wir bei neuen Begegnungen der anderen Person oftmals einen gewissen Vorschuss an Vertrauen. Gleichzeitig hat bestimmt jeder von uns schon oft gedacht: „Ich mache das lieber selbst. Dann funktioniert es". Besonders interessant ist das Vertrauen von anderen in einen selbst, welches wir – auf Grund guter Erfahrungen mit uns selbst – meistens voraussetzen. Wie an unserem eigenen Vertrauen in andere zu erkennen ist, können wir das Vertrauen von anderen jedoch ganz und gar nicht voraussetzen, sondern müssen es uns erarbeiten. Die vierte Dimension innerhalb des Teams ist das Vertrauen von einem Teammitglied in ein anderes, an dem ein drittes Teammitglied zwar nicht unmittelbar beteiligt ist, auf das es gegebenenfalls aber positiv einwirken kann. Alle vier Aspekte müssen intakt sein, um ein funktionierendes – oder sogar ein hoch performantes – Team bilden zu können.

Psychologische Sicherheit basiert auch auf der Überzeugung, dass ein elementarer Bestandteil der gemeinsamen Arbeit das Lernen voneinander und miteinander ist. Wenngleich die kollektive und kooperative Betrachtungsweise von Lernen im 21. Jahrhundert zunehmend an Bedeutung gewinnt, wird Wissen immer noch in vielen Unternehmen und Teams als eine individuelle und kognitive Eigenschaft angesehen. Carol Dweck hat bei der Einstellung zum Lernen zwischen einem ‚fixed' und einem ‚growth mindset' unterschieden[15]. Das ‚fixed mindset' sieht Talent und Wissen als gegeben an (entweder jemand hat es oder jemand hat es nicht), wohingegen Menschen mit einem ‚growth mindset' offener für Entwicklung und Wachstum sind. Diese unterschiedlichen Ausprägungen beschreiben die Einstellung, mit der Individuen oder ganze Unternehmen mit Informationen und Wissen umgehen.

In Unternehmen, in denen ein ‚fixed mindset' vorherrschend ist, scheint wenig Wert auf den Lernprozess gelegt, sondern eher Fähigkeiten und Expertisen wertgeschätzt zu werden. Mitarbeiter werden demnach an ihrer individuellen Höchstleistung gemessen. Das kann dazu führen, dass Wissen kaum geteilt und sogar für Konkurrenzkämpfe und Machtspiele eingesetzt wird. Hierbei kann es oft auch einen Zusammenhang mit der schädlichen Verwendung von Metriken geben, die wir im Kapitel 2.2 beschrieben haben. Im Gegensatz dazu stecken Unternehmen mit einem ‚growth mindset' Energie in das Aufdecken sowie Verstehen von Fehlern und fördern somit kollektives Lernen. Hierbei stehen der Entwicklungsprozess und die Teamfähigkeit und weniger die Exzellenz des Einzelnen im Vordergrund. Dementsprechend werden Fehler und negatives Feedback anders wahrgenommen – Menschen sind stärker gewillt, Schwächen zuzugeben und an ihnen zu arbeiten. [9]

In der zwischenmenschlichen Interaktion wird Offenheit und Ehrlichkeit der Teammitglieder benötigt, auch in kritischen Situationen oder bei Fehlern den Mund aufzumachen und Kritik oder Sorgen anzusprechen. Den Mut und das Vertrauen zu haben, eigene Fehler zuzugeben und möglichst früh offen zu legen, sind die Grundlage für eine gemeinsame Lösungsfindung. Das ist allerdings nur realistisch, wenn der Einzelne nicht für den bloßen Fehler bestraft, gedemütigt oder ausgeschlossen wird. Vielmehr sind Fehler sogar notwendig, um sich und die Organisation weiterzuentwickeln. Fehler werden erst dann zu „echten" Fehlern, wenn beim ersten Mal nicht aus ihnen gelernt wurde.[10,16] Es liegt damit an der Eigenverantwortung der Teammitglieder, wie diese interpretiert wird. Geht es um Fehlervermeidung und Perfektion oder um konstruktive Diskussion von Perspektiven?

> **Übung:** Wie gehst Du persönlich mit Fehlern um und wie wird in Deinem Umfeld auf Fehler reagiert? Was passiert, wenn Metriken eine negative Entwicklung zeigen – wird dies neutral analysiert oder sofort negativ bewertet? Der Wert besteht im Entdecken von Fehlern und dem Ableiten von Konsequenzen – im Sinne von Sehen, Verstehen, Verbessern – und nicht in der Interpretation als Rückschritt und Bestrafung.

2.3.1 Exkurs: Führung im Kontext von Metriken

Wichtig für die Schaffung von Psychologischer Sicherheit sind auch die Einstellung und das Verhalten der Personen in Führungspositionen. Die komplexeren Herausforderungen der VUKA-Welt führen dazu, dass Führungskräfte nicht mehr alle Antworten haben können und sollen. Somit sind sie auf Informationen und Unterstützung von Kollegen angewiesen, um die Organisation, Produkte und Prozesse weiterzuentwickeln und zu verbessern[8]. Daher müssen Manager ihre Rolle in der Organisation überdenken, weniger kontrollieren und sich mehr auf die Rahmenbedingungen konzentrieren, um ein Lernumfeld zu gestalten[17].

Wenn Führungskräfte Fehler nicht als Druckmittel oder Grund zur Bestrafung nutzen, sondern als Gelegenheit für Wachstum sehen, dies auch kommunizieren und in ihren Taten demonstrieren, fällt es Mitarbeitern leichter, transparent zu sein. In einem ermutigenden Umfeld sollte Offenheit gewürdigt und anerkannt werden[9]. Führungskräfte haben in ihrem näheren Umfeld Gestaltungsspielraum, d.h. selbst wenn das Unternehmen insgesamt KPIs „falsch" einsetzt (vgl. Kapitel 2.2), können sie in ihrem jeweiligen Einflussbereich einen anderen Umgang damit schaffen. Dabei muss natürlich für Anschlussfähigkeit zwischen dem eigenen Kontext, zum Beispiel dem eigenen Team und dem Rest des Unternehmens gesorgt werden.

Führungskräfte können außerdem die in Kapitel 2.3 beschriebene Psychologische Sicherheit ermöglichen, indem sie folgende Prinzipien zu Grunde legen:

- Fehler als Chance zum Lernen begreifen
- Vertrauen in Menschen haben, Entscheidungen überlassen
- Transparenz über aktuelle Geschehnisse schaffen
- gemeinsame positive Erlebnisse schaffen
- nur das versprechen, was auch gehalten werden kann

Darüber hinaus ist Authentizität ein wesentlicher Faktor. Führungskräfte sind keine Übermenschen, sondern sollten vielmehr als Vorbilder vorangehen und ihre eigenen Fehler oder Grenzen eingestehen: Einfach zu sagen „Ich weiß es nicht." und nach Unterstützung oder Rat zu suchen, beweist keine Schwäche, sondern die Fähigkeit, den eigenen Lernprozess öffentlich zu machen. Dabei ist es wichtig, ehrlichgemeinte und offene Fragen zu stellen, um Kolleginnen und Kollegen einzuladen, an der Diskussion teilzunehmen und eigene Ideen einzubringen[18,19].

Wenn Organisationen und Führungskräfte Mitarbeiter nicht nach der individuellen Leistung bewerten und befördern, sondern kollektive Anreize für die ständige Weiterentwicklung von Fähigkeiten, Prozessen und Kooperationen setzen, kann der Wachstumsgedanke den Konkurrenzgedanken vertreiben. Metriken können dann als Anhaltspunkt für diese kontinuierliche Verbesserung genutzt werden. Somit kann den Menschen die Angst vor negativen Konsequenzen von Transparenz und Austausch genommen werden. Ein bekanntes Vorbild für die erfolgreiche Umsetzung dieses Wandels, der weit über Veränderung von Anreizen hinaus geht, ist Microsoft unter CEO Satya Nadella. Das Unternehmen hat sich von einer Kultur „know-it-alls", welche individuelle Leistung, Exzellenz und interne Konkurrenz belohnt und gefördert hat – zu einer Kultur „learn-it-all" entwickelt, welche Kollaboration, gemeinsame und kontinuierliche Entwicklung und die Aufarbeitung bzw. das Lernen aus Fehlern bestärkt[20].

2.3.2 Exkurs: Bedeutung von informellen Interaktionen

Viele Praktiken, die Psychologische Sicherheit hervorrufen oder festigen sollen, fanden vor der Corona-Pandemie, die seit 2020 die Welt in Atem hält, in physischen Interaktionen und Räumen statt. Liminale Räume, also „Durchgangsräume" wie Treppenhäuser, Flure oder Kaffeeküche, sind dabei von besonderer Bedeutung. Sie ermöglichen Zufallsbegegnungen oder Zusammentreffen, die wichtig für den informellen Austausch von Informationen sind und Verbindungen zwischen den interagierenden Personen stärken[21].

Aus der Perspektive von Organisationsentwicklern und -Designern kann dieser nicht geplante Austausch zum Aufbrechen von Silos und zur Unterstützung von Kreativität und Problemlösung führen. Diese Vorteile wurden auch von Steve Jobs bei Pixar erkannt, weshalb er die ganze Architektur des Bürogebäudes auf diese zufälligen Zusammentreffen ausgelegt hat[22].

Die Gestaltung der Büroräume kann somit zufällige Zusammenkünfte durch zentrale, kollektive Plätze und Räume für Kollaboration erhöhen. Dazu gehören große Kaffee-Stationen mit Sitzgelegenheiten oder das Design eines ganzen Gebäudes, in dem Wege so angelegt werden, dass sie sich überkreuzen[23]. In diesen Räumen oder Flächen können auch Projekte und Metriken präsentiert und transparent gemacht werden, sodass auch nicht-involvierte Kollegen informiert und zum Mitdenken angeregt werden.

Die durch die Corona-Pandemie bedingte „neue Normalität" von Remote-Arbeit und die nun aufkommende Diskussion über stärkere Flexibilisierung von Ort und Zeit der Arbeit hat offensichtlich viele Vorteile. Allerdings hat das Fehlen von informellem Austausch und spontanen Begegnungen in virtuellen Räumen Auswirkungen auf die Zusammenarbeit und den Informationsaustausch und stellt Organisationen vor neue Herausforderungen[24]. Nicht nur zufällige Austausche aber auch regelmäßige Zusammenarbeit in Teams und über Teamgrenzen hinaus fallen im physischen Zusammensein oftmals leichter. Non-verbale Kommunikation, Vertrauen und implizites Wissen lassen sich in diesen Situationen leichter aufbauen bzw. teilen[25]. Die Pandemie verändert bereits unsere Zusammenarbeit und wird auch in Zukunft die Gestaltung in und von Büroräumen verändern[26]. Das bedeutet auch, dass wir neue Strategien und virtuelle Maßnahmen brauchen, informelles Lernen, kollektives Problemlösen und Informationsaustausch zu ermöglichen. Wie kann Vertrauen virtuell aufgebaut und der ungehinderte Fluss von Informationen gewährleistet werden?

1. **Aktive Organisation**: Im Remote-Setting muss hierfür deutlich aktiver vorgegangen werden als im physischen Büroraum, in dem Begegnungen und der Aufbau von Vertrauen quasi beiläufig aus der Interaktion heraus entstehen und wachsen. Es bedarf einer gewissen Intention und Organisation solcher Treffen sowie kontinuierlicher Kommunikation über Termine, Ergebnisse und Fragestellungen, um sicherzustellen, dass alle Kollegen davon hören und sich beteiligen können.

2. **Virtuelle Formate**: Virtuelle Kaffeepausen oder Communities of Practices können Menschen miteinander in Verbindung bringen, die nicht in regelmäßigen Team-Meetings sind bzw. einen entspannten, informellen Charakter ermöglichen, wenn es keine konkrete Agenda gibt[27]. Diese Zusammenkünfte können Informationssilos aufbrechen und den Wissens-austausch zwischen Einzelpersonen, Teams und Abteilungen vorantreiben. Die später beschriebenen Metriken sind auch in digitale Formate übertragbar, bedürfen möglicherweise aber kleineren Anpassungen. Beispielsweise sollte auch im virtuellen Kontext die Möglichkeit für anonyme Abstimmungen oder Feedback bestehen.

3. **Regelmäßige physische Treffen**: Neben den virtuellen Formaten ist und bleibt der physische Austausch elementar für die Stärkung der Teambeziehungen. Dieser muss nicht jeden Tag, aber sollte in regelmäßigen Abständen stattfinden. Wenn man sich dann als Team, Abteilung oder gar ganze Organisation ab und zu physisch trifft, kann dieser Raum und die Zeit viel stärker für kollaborative und kreative Prozesse genutzt werden. Off-Sites oder andere Strategieworkshops können nicht nur Visionen und Planungen beflügeln, sondern auch Vertrauen und Verständnis zwischen den Kollegen schaffen und positive Beziehungen aufbauen bzw. festigen.

4. **Zeit für Reflektion**: Ein zentraler Aspekt im Prozess Sehen, Verstehen, Verbessern ist, dass neben all den Meetings auch explizit Zeit für Reflektion gelassen wird, um den Status Quo sowie positive oder negative Entwicklungen zu besprechen. Zu jedem Fortschritt und jedem Lernen gehört es nämlich auch, innezuhalten, zurückzublicken, zu bewerten und möglicherweise Verhalten oder Prozesse anzupassen[28]. Pausen, Phasen der Reflektion und informelle Treffen müssen aktiv in den Arbeitsalltag eingebaut werden, da diese im virtuellen „always-on sein" seltener natürlich vorhanden sind.

5. **Hybride Teams**: In hybriden Arbeitssettings müssen sich Organisationen und Teams genau überlegen, wann und wie sie hybride Meetings zulassen oder fördern. Hier besteht nämlich immer die Gefahr, dass die Meeting-Teilnehmer, die physisch zusammensitzen, untereinander Unterhaltungen führen und sich somit eine separate Dynamik entwickelt, die die zugeschalteten Teilnehmer exkludiert oder benachteiligt. Manchmal ist dann die Variante, in der sich alle remote zuschalten, fairer und organisierter. In dieser Diskussion geht es aber nicht nur um Meetings, sondern auch um implizite Vorurteile, die zu Informationssilos führen können. Im Endeffekt kann dies Auswirkungen auf Evaluierung und Beförderung haben [29].

2.3.3 Exkurs: Psychologische Sicherheit durch Dialog

Psychologische Sicherheit bezieht sich immer auf Situationen, in denen wir mit anderen in Kontakt stehen und interagieren – unabhängig von der Frage, ob wir uns verbal ausdrücken oder körpersprachlich. Aus diesem Grund ist es hilfreich, sich mit verschiedenen Formen der zwischenmenschlichen Kommunikation intensiver zu beschäftigen. In der Auseinandersetzung damit finden wir konkrete Hinweise, wie sich Psychologische Sicherheit etablieren lässt.

Eine inspirierende Gesprächsform ist der Dialog. Damit ist hier nicht die allgemein verbreitete Vorstellung gemeint, dass zwei Personen ein Gespräch führen. Es geht vielmehr um eine ganz bestimmte Form der Kommunikation, die eine bemerkenswerte Qualität des zwischenmenschlichen Kontaktes hervorbringt. In seinem Buch „Dialog als Kunst gemeinsam zu denken"[30] beschreibt und unterscheidet William Isaacs den Dialog und die Diskussion. In der Diskussion vertreten alle Beteiligten einen bzw. ihren Standpunkt. Es geht vorrangig darum, die eigene Position argumentativ zu untermauern und als die bessere oder richtigere Sichtweise darzustellen, zu verteidigen und aufrechtzuerhalten.

William Isaacs differenziert in eine konstruktivere Form der Diskussion, bei der die Beteiligten durchaus auch die Möglichkeit einräumen, dass andere Positionen angemessener sein könnten – soweit dies argumentativ nachvollziehbar dargelegt wird. Die zweite Variante ist weniger versöhnlich. Hier versuchen die Diskussionspartner, gegen die andere Meinung bzw. deren Vertreter zu obsiegen, gegebenenfalls zu Lasten des inhaltlichen Weiterkommens. Mit beiden Ausprägungen der Diskussion geht einher, dass sich jemand seine Gedanken gemacht hat – für sich überlegt und eine passende Position gefunden hat. Das gemeinsame Denken ermöglicht der Dialog, in dem es nicht darum geht, mit den stärkeren Argumenten zu glänzen. Vielmehr geht es hier darum, möglichst alle vorhandenen Perspektiven gleichwertig und gleich geschätzt transparent zu machen. In dem gemeinsamen Bemühen, darüber neue Einsichten zu generieren und unsere Lebenswirklichkeit umfassender oder vollständiger zu erfahren. Das ermöglicht Lernprozesse, die über das individuelle Lernen hinaus gehen. Dies ist auch der Grund, warum neben William Isaacs weitere Kollegen des MIT, namentlich Peter Senge und Otto Scharmer, den Dialog als Vehikel für organisationale Lernprozesse in den Fokus nehmen. Dialog und Diskussion haben beide ihre Berechtigung. Manchmal ist es hilfreich, die Dinge alleine zu durchdenken und eine Position für sich zu finden. Die Diskussion hilft uns, Entscheidungen zu treffen. In anderen Situationen ist es hilfreicher, gemeinsam mit anderen das Feld zu untersuchen, neue Möglichkeiten und neue Einsichten zu erkennen.

Zusammengefasst unterscheiden sich die Gesprächsformen dahingehend, dass wir bei der Diskussion darum bemüht sind, den eigenen Standpunkt mit möglichst überzeugenden Argumenten so darzustellen, dass wir als „Sieger" aus der Kommunikation hervorgehen. Das Denken ist individualistisch geprägt und von der Vorstellung gestützt, dass es einen „besseren" oder „richtigeren" Standpunkt gibt. Der Dialog ermöglicht einen gemeinsamen Erkenntnis- oder Lernprozess. Das Denken ist offen für andere Sichtweisen und für die Reflexion unserer Wahrnehmung alternativer Perspektiven. Wir stehen mit anderen Menschen im gemeinsamen Bemühen, mehr über uns und den interessierenden Sachverhalt zu verstehen.

Es ist leicht zu erkennen, dass ein Dialog wie oben beschrieben nur dann zustande kommen kann, wenn die Rahmenbedingungen stimmen, wenn sich jeder Beteiligte frei fühlt, sich zu den behandelten Themen frei zu äußern.

Container

Für das Zustandekommen eines Dialogs im beschriebenen Sinne, setzt William Isaacs das Vorhandensein einer entsprechenden Atmosphäre voraus. Er verwendet den Begriff des Containers, um Rahmensetzungen zu beschreiben, die das Entstehen einer solchen Atmosphäre wahrscheinlich machen. Die Vorstellung eines Gefäßes, das den passenden Raum für den Austausch unterschiedlicher Perspektiven gewährt, scheint leicht ersichtlich. Auf zwischenmenschliche Beziehungen bezogen, bedeutet der Container einen Raum, der den Menschen Halt gibt und damit Sicherheit. Dieser Halt ermöglicht, dass sich vorhandene zwischenmenschliche Energien fokussieren und verdichten können. Dadurch können die Beteiligten differierende Positionen konstruktiv aushalten und besprechen, um einen Erkenntnisgewinn zu erlangen.

Wird die weit verbreitete Vorstellung zu Grunde gelegt, dass zwischenmenschliche Kommunikation zumindest auf zwei Ebenen – nämlich der Inhalts- und der Beziehungsebene – stattfindet, dann lässt sich folgende Annahme treffen: Je positiver die Beziehungsebene zwischen Menschen ist, desto besser sind diese Menschen in der Lage, verschiedene, oder sich widersprechende Positionen auszutauschen, ohne dass es zum Konflikt kommt. Ein entsprechender Container kann diese Qualität begünstigen und Stabilität in den zwischenmenschlichen Beziehungen erzeugen.

Wie lässt sich nun ein solcher Container herstellen? Wir stellen hier einige Praktiken vor, die die Rahmenbedingungen in die gewünschte Richtung entwickeln können. Prinzipiell geht es darum, das Setting ganz bewusst zu gestalten, um ein Gefühl der Sicherheit zu erzeugen, das von den Menschen als solches auch wahrgenommen wird. Die hier beschriebenen Elemente beziehen sich auf den Dialog nach William Isaacs. Je nach vorherrschender (Unternehmens-)Kultur sind nicht alle Bestandteile ohne Weiteres anschlussfähig. Die Behandlung der Elemente soll hier als Inspiration dienen, um einen möglichst sicheren Raum für den Austausch mit Metriken in einem Team zu gestalten.

Moderation

Der Moderator hat die Aufgabe, die Teilnehmer in den Dialog einzuführen, den Prozess zu führen und die nötigen Rahmenbedingungen zu schaffen. Wichtig dabei ist, die Regeln vorzustellen und deren

Einhaltung zu gewährleisten. Außerdem sollte der Moderator für eine angemessene Stimmung sorgen und die Teilnehmer für die Haltung sensibilisieren, das Geäußerte in geteilter Achtsamkeit und ohne vorschnelle Bewertung anzunehmen.

Der Moderator sollte sich als guter Gastgeber zeigen. Dies trägt maßgeblich zur Gestaltung der Atmosphäre und der Rahmensetzung für einen offenen Austausch bei. Neben einer angemessenen Begrüßung und der persönlichen Ansprache der Teilnehmer gilt es auch zu klären, ob die Anwesenden sich mit Du oder Sie ansprechen wollen. Der Zeit vor und nach dem eigentlichen Dialog ist in ihrem Einfluss auf die Atmosphäre nicht zu unterschätzen. Eine wertschätzende Begegnung mit allen Teilnehmern trägt zur Gestaltung einer guten Beziehungsebene bei, schafft Sicherheit und erzeugt Vertrauen. Darüber hinaus ist es die Aufgabe des Gastgebers, den Teilnehmern Orientierung zu geben. Dies bezieht sich auf die Themen und Inhalte bzw. den Ablauf des Treffens, aber auch auf die genutzten Räumlichkeiten, sofern diese den Teilnehmern nicht bekannt sind. Bei längeren Treffen sollte auch für das leibliche Wohl gesorgt werden.

Im Online-Kontext gelten die gleichen Überlegungen zur Gestaltung der Moderation. Das Meeting sollte bereits vor dem Start begonnen werden, damit die Teilnehmer die Möglichkeit haben in Ruhe anzukommen. Alle verwendeten Online-Tools sollten erläutert werden, so dass sich die Teilnehmer damit zurechtfinden und orientiert sind. Gegebenenfalls bietet es sich an, im Vorfeld einen Technik-Check anzubieten.

Sitzordnung

Für den Austausch kontroverser Meinungen können unterschiedliche hierarchische Positionen ein Hemmnis darstellen. Sie können ein Taktieren begünstigen, was wiederum dem offenen Austausch von diversen Ideen entgegensteht. Im schlimmsten Fall werden bestimmte Gedanken oder Emotionen gar nicht geteilt, weil den Betroffenen der Mut dazu fehlt.

Der Dialog wird klassisch in einem geschlossenen Sitzkreis geführt. Der Kreis symbolisiert Ganzheit. Wenn wir gemeinsam mit anderen im Kreis sitzen, dann ist in dieser Sitzordnung jeder gleich. Zumindest was die Situation des Sitzens angeht. Selbstverständlich lösen sich hierarchische Positionen qua Stuhlkreis nicht auf. Und doch macht es einen Unterschied, wenn sich alle zugewandt sind und jeder jeden jederzeit sehen kann. Außerdem unterstützt der Kreis die Vorstellung eines Containers, da alle Beteiligten den Raum im Inneren des Kreises abgrenzen und auf die gleiche Stelle in der Mitte fokussieren und damit auch die Gedanken auf einen gemeinsamen Punkt richten.

Um die Kreisform und weitere Aspekte des Dialogs online zu gestalten, eignet sich die Verwendung eines Online-Whiteboards. Der Kreis ist mit den üblichen Werkzeugen als Struktur schnell erstellt. Für die Teilnehmer empfiehlt es sich, jeweils einen Avatar zu verwenden. Also eine Figur, ein Symbol o.ä., das die Teilnehmer jeweils auf dem Whiteboard repräsentiert. Damit sind die Personen im virtuellen Raum verortet und können sich auf dem Kreis verteilen. Das Redesymbol (s.u.) kann dann von einem Avatar zum nächsten gereicht und der Dialog in seiner Idee auch online umgesetzt werden.

Check-in

Von manchem belächelt und doch so wichtig: Das Erkundigen zu Beginn eines Treffens, wie es den Anwesenden geht. Wichtiger noch: sich die Zeit zu nehmen und jeden ein kurzes Statement geben zu lassen. Hier lassen sich schon erste Barrieren oder Hemmnisse wahrnehmen und ggf. frühzeitig thematisieren. Nichts ist schlimmer, als nach einem längeren Austausch von einer Störung in der Gruppe überrascht zu werden. Die anfänglich wenigen Minuten sind gut investiert und eine Chance für alle, möglichst „sauber" in den Prozess zu starten.

Der Check-in kann durch einige wenige Fragen unterstützt werden. Diese helfen den Beteiligten durch ihre Struktur wortwörtlich ins Gespräch zu kommen und in der Situation anzukommen. Bei der

Formulierung der Fragen zum Einstieg ist Kreativität gefragt. Mit den passenden Fragen wird sowohl die Atmosphäre mitgestaltet als auch das Thema eingeleitet. Beispiele für konkrete Fragen zum Check-in:

1. Auf dem Weg hierher ging mir durch den Kopf...
2. Was ich jetzt nicht tun kann (weil ich hier bin)...
3. Mir geht es jetzt...
4. Von unserem heutigen Treffen wünsche ich mir...

Bei den Metriken im Bereich "Happiness" weiter hinten im Buch findest Du weitere Instrumente, die sich für einen Check-in eignen, wie das Blitzlicht.

Redesymbol

Zur äußeren Form des Dialogs gehört neben dem Sitzen im Kreis auch die Verwendung eines Redesymbols. Das kann ein Tennisball sein oder ein Marker. Je nach Situation kann man das Redesymbol durchaus kreativ dem Thema entsprechend auswählen oder ganz pragmatisch einfach das nehmen, was zur Stelle ist. Es sollte gut in der Hand liegen und idealerweise ungefährlich sein, auch wenn sich die Teilnehmer das Redesymbol zuwerfen. Ein Ball hat den Vorteil, dass er auch gerollt werden kann. Wir benutzen gerne einen Tennisball.

Das Redesymbol zeigt an, wer spricht. D.h. nur diese Person darf sich äußern. Alle anderen Gesprächsteilnehmer schenken ihre ganze Aufmerksamkeit und hören zu. Das Redesymbol entschleunigt den Gesprächsprozess und hilft allen Gesprächspartnern die Regeln (siehe unten) einzuhalten. Wenn jemand das Bedürfnis verspürt, etwas beitragen zu wollen, so signalisiert er, dass er das Redesymbol gerne hätte. Das kann ein Blick, ein Handzeichen oder ähnliches sein.

Das Redesymbol zu halten und sprechen zu dürfen, sich dabei der vollen Aufmerksamkeit aller gewiss zu sein, fühlt sich für die meisten Menschen gut an. Es sollte jedoch nicht dazu führen, dass man das Redesymbol zu lange für sich behält und damit den anderen in der Runde die Beteiligung vereitelt.

Wenn die sprechende Person fertig ist und kein anderer nach dem Redesymbol verlangt hat, dann wir das Redesymbol in der Mitte des Kreises abgelegt. Wer das Wort ergreifen möchte, nimmt sich das Redesymbol. Manchmal führt dies dazu, dass für einen gewissen Zeitraum Schweigen herrscht. Auch das gemeinsame Schweigen entfaltet eine gewisse Wirkung, die ganz bewusst an- und wahrgenommen werden sollte.

Regeln
William Isaacs hat folgende vier Regeln für den Dialog formuliert:
- Zuhören – das Gehörte achtsam auf sich wirken lassen
- Respektieren – den anderen in voller Wertschätzung begegnen
- Suspendieren – bewusstes Wahrnehmen der eigenen Gedanken und Gefühle, ohne dabei gleich in bestehenden Mustern zu reagieren
- Artikulieren – den eigenen Standpunkt authentisch und offen darlegen

Zuhören
Zuhören – so meint man – ist eine Selbstverständlichkeit in jeder zwischenmenschlichen Kommunikation. Und doch ist es so, dass wir nicht selten in unseren Gedanken mit etwas anderem beschäftigt sind. Das können die Pläne für das kommende Wochenende sein, was wir einem Kollegen noch dringend mitteilen müssen oder was beim späteren Einkauf nicht vergessen werden darf. Von außen betrachtet kann bei einer solchen Unterhaltung durchaus der Eindruck gewonnen werden, die beiden Gesprächspartner hörten einander zu. Sie sind sich zugewandt, sehen sich an, nicken und geben in anderer Weise dem Gegenüber zu verstehen, dass sie ganz bei der Sache sind. Vielleicht sind sie es aber doch nicht. Spätestens wenn eine Frage gestellt wird, kann es sein, dass man überraschend ins Hier und Jetzt zurückgeholt wird. Im Dialog ist es aber zentral, dass wir dem Gegenüber unsere volle Aufmerksamkeit widmen, ihm uneingeschränkt zuhören und das

Gehörte auf uns wirken lassen, ohne von konkurrierenden Gedanken abgelenkt zu werden.

Respektieren

Die Sichtweise des anderen uneingeschränkt zu respektieren, bedeutet, sie in aller Wertschätzung anzunehmen und auf sich wirken zu lassen. Je nachdem, um welches Thema es geht, ist dies deutlich leichter gesagt, als es getan ist. Es bedeutet nämlich, die eigene Perspektive nicht wichtiger zu nehmen oder als richtiger zu bewerten als die Position unseres Gesprächspartners. Im Gegensatz zur Diskussion (siehe oben), in der es darum geht, argumentativ die Überlegenheit der eigenen Sicht darzustellen und unser Gegenüber zu überzeugen, geht es im Dialog darum, die Position unseres Gesprächspartners und unsere eigene Position als zwei Perspektiven zu verstehen, die wir auf einen bestimmten Sachverhalt haben und uns mitteilen. Allein darin enthalten ist immer schon die Chance eines Erkenntnisgewinns.

Suspendieren

Nicht selten lösen die Äußerungen anderer – vor allem, wenn es um Themen geht, die uns sehr wichtig sind – kognitive und auch körperliche Anspannung aus. Und wir verspüren einen Drang, unsere Sichtweise daneben – wenn nicht gar darüber zu stellen. Im Dialog sind wir angehalten, diese Regungen für uns zu behalten und auszuhalten – das ist mit Suspendieren gemeint. Durch die Verwendung des Redesymbols werden wir dabei unterstützt, da wir nicht direkt auf eine Äußerung reagieren können. Zugleich können wir den Moment nutzen, um in uns zu horchen und der bestehenden Resonanz nachzuspüren. Dies kann durchaus zu einem Erkenntnisgewinn über uns und unsere Weltsicht führen. Zudem kann das Teilen der entstandenen Resonanz und die eigene Reflexion mit den anderen Gesprächsteilnehmern im Dialog die gemeinsame Sicht auf die Dinge ergänzen und neue Impulse setzen.

Artikulieren

Wenn wir im Dialog an der Reihe sind bzw. qua Redesymbol sprechen dürfen, dann sollten wir auch bedeutsam sprechen und die Dinge teilen, die uns wichtig sind. Nicht selten bleiben wir in Gesprächen an der Oberfläche und wagen uns nicht in die Tiefe. Gründe dafür gibt es viele, wie die Sorge vor negativen Reaktionen unserer Gesprächs-partner. Gerade der Dialog bietet ein sicheres Setting, um offen aufzusprechen und er lebt davon, dass wir unsere Gedanken aufrichtig teilen.

Den Dialog in seiner reinen Form zu führen, mag nicht in jedem Unternehmen angemessen erscheinen. Alle sitzen im Kreis, es braucht Zeit, nicht zwangsläufig kommt ein handfestes Ergebnis oder ein Plan aus dem Treffen heraus. Je nach vorherrschender Unternehmenskultur, kann dies durchaus einer Horrorvorstellung gleichen. Und doch ist die Beschäftigung mit dem Dialog und seinen Regeln sehr wertvoll. In ihrem Kern geben sie wichtige Hinweise, wie sich die Teilnehmer im Austausch idealerweise verhalten sollen, damit eine möglichst sichere Atmosphäre gelingen kann. Wer die grundlegenden Prinzipien des Dialogs verstanden hat, kann diese gewinnbringend in andere Settings übertragen.

---

[1] Verwijs, C., Schartau, J., Overeem, B. (2020): Zombie Scrum Survival Guide, Addison-Wesley Professional.
[2] Humble, J., Molesyk, J., O'Reilly, B. (2015): Lean Enterprise, O'Reilly UK Ltd.
[3] Taylor, F. W. (1919): The Principles of Scientific Management, Harper & Brothers Publishers.
[4] Muller, J. Z. (2018): The Tyranny of Metrics, Princeton University Press
[5] Pichler, R. (2021): Leadership im Produktmanagement. Wie Sie Stakeholder und Entwicklungsteams effektiv führen, dpunkt.verlag.
[6] Simon, F. B. (2018), Einführung in die systemische Organisationstheorie, Carl-Auer Verlag GmbH.
[7] Halsey, D. (2013): Trading the Measured Move. A Path to Trading Success in a World of Algos and High Frequency Trading, Wiley.

[8] Morrison, E., Milliken, F. J. (2000): Organizational silence: A barrier to change and development in a pluralistic world. Academy of Management Review, 35, 706–725.
[9] Canning, E. A. et al. (2020): Cultures of Genius at Work: Organizational Mindsets Predict Cultural Norms, Trust, and Commitment. Personality and Social Psychology Bulletin, 46(4), 626–642.
[10] Edmondson, A. C. (1999): Psychological safety and learning behavior in work teams. Administrative Science Quarterly, 44(2), 350.
[11] Detert, J. R., Edmondson, A. C. (2011): Implicit voice theories: Taken-for-granted rules of self-censorship at work. Academy of Management Journal, 54(3), 461–488.
[12] Luhmann, N. (2009): Vertrauen: Ein Mechanismus der Reduktion sozialer Komplexität. Lucius & Lucius.
[13] Homans, G. C. (1958): Social behaviour as exchange. The American Journal of Sociology, 597–606.
[14] Blau, P. M. (1964). Exchange and power in social life. J. Wiley.
[15] Dweck, C. S. (1999): Self-theories: Their role in motivation, personality, and development. (pp. xiii, 195). Psychology Press.
[16] Edmondson, A. C. (2018): The fearless organization: Creating psychological safety in the workplace for learning, innovation, and growth. John Wiley & Sons.
[17] Senge, P. M. (1990): The fifth discipline: The art and practice of the learning organization, Doubleday/Currency.
[18] Dalio, R. (2017). Principles: Life and work. Simon and Schuster.
[19] Schein, E. H. (2013). Humble inquiry: The gentle art of asking instead of telling. Berrett-Koehler Publishers.
[20] Ibarra, H., Rattan, A. (2018). Microsoft: Instilling a growth mindset. London Business School Review, 29(3), 50–53.
[21] Shortt, H. (2015). Liminality, space and the importance of 'transitory dwelling places' at work. Human Relations, 68(4), 633–658.
[22] Catmull, E. (2008): How Pixar Fosters Collective Creativity, Harvard Business Review, 86, 64–72.
[23] Iedema, R., Long, D., Carroll, K. (2010): Corridor communication, spatial design and patient safety: Enacting and managing complexities, in: van Marrewijk, A. & Yanow, D.: Organizational Spaces (p. 13628), Edward Elgar Publishing.
[24] Waber, B., Reeves, M., Whitaker. (2020, December 17). The Hidden Tradeoffs of Working From Home. BCG Henderson Institute.
[25] Levy, P. (2020, September 23). Companies are trying to connect remote workers with 'virtual water coolers' – but it's harder than it sounds. The Conversation.
[26] Seabrook, J. (2021): Has the pandemic transformed the office forever? The New Yorker.

[27] Pilster, J., Schröder, H., Eggert, L. (2020): Den Mensch hinter dem Bildschirm wahrnehmen, in: Virtuelle Zusammenarbeit, Handelsblatt Fachmedien.

[28] Argyris, C. (1977). Double loop learning in organizations, Harvard Business Review, 115–125.

[29] Mortensen, M., Haas, M. (2021, February 24). Making the Hybrid Workplace Fair. Harvard Business Review.

[30] William, I. (1999): Dialogue and the art of thinking together, Currency.

3. Und was ist nun mit den Metriken?

Ins Kapitel 1 waren wir damit gestartet, Dir die Bedeutung von kontinuierlicher Verbesserung für Unternehmen zu erläutern und dass Metriken eine wesentliche Voraussetzung dafür sind. Sie dienen dazu, Probleme zu sehen, sie zu verstehen und Aktionen abzuleiten, um die Situation zu verbessern. An diesem Dreiklang orientieren wir uns nun in den folgenden Kapiteln, in denen wir zahlreiche beispielhafte Metriken zum Ausprobieren zusammengetragen haben.

> *„For improvement there needs to be a problem –*
> *and seeing the problem is the first problem.*
> *Problems are not necessarily big things.*
> *Since virtually nothing is perfect there is almost always an opportunity –*
> *a problem – to which an improvement can be applied."*

> \- John Bicheno, Matthias Holweg (2009)

Sehen

Ein berühmtes Sprichwort sagt, Einsicht ist der erste Schritt zur Besserung. Metriken helfen uns dabei, die aktuelle Situation oder Entwicklungen transparent zu machen. Wir können also in Bezug auf relevante Themen eine Standortbestimmung vornehmen und Trends und Richtungsänderungen beobachten.

Vor der Erfassung von Metriken muss Klarheit darüber bestehen, wozu genau diese dienen sollen. Auf welches Ziel bezogen möchte ein Team sehen, wo es steht bzw. wohin es sich entwickelt? Wenn die aktuelle Stimmung im Team interessant ist, werden andere Metriken benötigt als für die Beantwortung der Frage, wie effektiv das Team gerade arbeitet. Auf jeden Fall lautet die Devise: Anfangen!

Mit der Zeit zeigt sich, welche Daten am besten geeignet sind, um eine nützliche Transparenz zu erzeugen, so dass sich das Team weiterentwickeln kann. Metriken, die sich als nicht hilfreich herausstellen, werden ausgetauscht und nicht weiter erfasst.

Verstehen

Besteht erst einmal Transparenz über den aktuellen Standpunkt oder eine Entwicklung, dann stellt sich die Frage nach den Ursachen. Hierzu wird nach Ereignissen und Hintergründen geforscht, die Zusammenhänge erklären. Solche Einflussfaktoren können direkt aus dem Handeln und Arbeiten des Teams kommen, es sind aber auch externe Ursachen denkbar. Dabei ist es wichtig, zu erkennen, ob es sich bei dem Auslöser um einen einmaligen oder wiederkehrenden Effekt handelt und ob die Ursachen direkt oder indirekt beeinflusst werden können. Ein gutes Verständnis der Ursache-Wirkungs-Zusammenhänge stellt die Grundlage für Verbesserungsmaßnahmen dar.

Durch das Verstehen der Einflussfaktoren können Veränderungen bewertet und darauf aufbauend entschieden werden, ob es sich um positive oder negative Entwicklungen handelt. Darüber hinaus können mögliche Ansatzpunkte für Aktionen zur Verbesserung erkannt werden. Gleichzeitig hilft der Prozess des Verstehens, zu prüfen, ob die gewählte Metrik im Sinne eines definierten Zwecks zielführend ist oder nicht.

Verbessern

Sind die Einflussfaktoren bekannt, können Maßnahmen definiert werden, die helfen sollen, die Situation zu verbessern. Dabei sollte ein Team sich bereits im Vorfeld Gedanken darüber machen, welche Veränderung in den Metriken durch die erfolgreiche Umsetzung der Maßnahmen zu erwarten ist – idealerweise in Form von konkreten Werten. Nur so ist es möglich, die Wirksamkeit der umgesetzten Aktionen zu überprüfen. Somit schließt sich der Kreis und wir nutzen die Metriken, die uns ein tieferes Verständnis für die Ursachen sowie die Ableitung von Verbesserungsmaßnahmen ermöglicht haben, um den Fortschritt in der Umsetzung derselben transparent zu machen. Auf diese Weise können wir die Veränderungen bewerten und den Prozess positiv beeinflussen.

Wir haben drei Dimensionen identifiziert, in denen wir Verbesserungen für Teams anstreben:

- Happiness (Zufriedenheit, Glück, Freude, Fröhlichkeit)
- Effectiveness (Effektivität, Wirksamkeit, Leistungsfähigkeit)
- Constant Pace (Rhythmus, nachhaltige Geschwindigkeit)

Die Dimensionen werden in den folgenden Kapiteln erläutert und durch verschiedene Kennzahlen untersetzt. Wir beginnen mit einem Blick auf die Dimension „Happiness", weil wir davon überzeugt sind, dass nur weitestgehend zufriedene Menschen produktiv sein können. Zusätzlich haben Studien in den letzten Jahren ergeben, dass es eine Rückkopplung gibt: Eine steigende Produktivität führt also auch zu einer höheren Zufriedenheit. Für ein Unternehmen reicht es natürlich nicht aus, dass Menschen besonders produktiv sind, sie müssen auch die richtigen Dinge tun. Wir beschreiben dies mit „Effektiveness" und zeigen im entsprechenden Kapitel auf, wie ein Team entsprechende Hinweise offenlegen kann. Abschließend kann eine gesteigerte Produktivität nur dann nachhaltig sein, wenn die Menschen in einem gesunden Rhythmus unterwegs sind, der über einen langen Zeitraum funktionieren kann, weil es keine besonders großen Schwankungen im Hinblick auf das Stresslevel gibt. Eine solche nachhaltige Geschwindigkeit meinen wir mit „Constant Pace".

3.1 Happiness

Für Happiness existieren in der Literatur vielerlei Definitionen[1], die hauptsächlich zwischen einer hedonistischen Sichtweise (angenehme Stimmung, positives Urteil) und einer eudämonischen Sichtweise (moralisch richtiges und bedeutungsvolles Tun) unterscheiden[2,3]. Wir stützen uns im vorliegenden Buch auf Fishers Zusammenfassung von Happiness in Form von angenehmer Stimmung und Emotionen, Wohlbefinden und einer positiven Einstellung[4]. Im Kontext von Organisationen zeigen Studien, dass Happiness im Beruf zu besserer

Leistung im Job, mehr Produktivität und auch höherer Kunden-zufriedenheit führt[5,6,7,8]. Diese Erkenntnis können wir aus unserer Praxis absolut bestätigen.

Happiness findet sich auch im Agilen Manifest[9] wieder. Direkt zu Beginn heißt es hier, dass der Mensch im Mittelpunkt steht – „Individuen und Interaktionen über Prozesse und Werkzeuge". Die Bedeutung von Interaktionen und Kooperation von Teammitgliedern findet sich auch im vierten Prinzip wieder, in dem es heißt: „Fachex-perten und Entwickler müssen während des Projektes täglich zusam-menarbeiten." Und im fünften agilen Prinzip ist zu lesen: „Errichte Projekte rund um motivierte Individuen. Gib ihnen das Umfeld und die Unterstützung, die sie benötigen und vertraue darauf, dass sie die Aufgabe erledigen."

Happiness wirkt sich also positiv auf unsere Zufriedenheit und unsere Arbeitsleistung aus. So wichtig Happiness ist, so persönlich ist das Empfinden bzw. sind mögliche Ursachen für eine mehr oder weniger ausgeprägte Happiness. Daher ist bei der Erfassung und Optimierung der Happiness im Team Sensibilität gefragt. Insbesondere bei Metriken zur regelmäßigen Erfassung der Gemütslage und Stimmung im Team spielen auch private oder zwischenmenschliche Angelegenheiten eine Rolle, welche die Teammitglieder nicht immer preisgeben möchten. Vertrauen und das Vorhandensein psychologischer Sicherheit spielen hier eine große Rolle. Deshalb sind gerade bei neu geformten Teams oder bei Neuzugängen zu bestehenden Teams Vorsicht und Rücksicht-nahme geboten.

Für Organisationen ist die Steigerung und Erhaltung der Happiness der Teammitglieder wesentlich – der Maxime „Productivity follows Happiness" als Stellschraube zur Verbesserung der Wirtschaftlichkeit und des langfristigen Unternehmenserfolgs folgend. Auf den nächsten Seiten zeigen wir Dir einfache Metriken hierzu, beginnend mit der Wahrnehmung (Sehen) über das Verstehen, wie es dem Team geht, hin zur Verbesserung der Happiness.

3.1.1 Stimmungsblitzlicht

Das Blitzlicht ist nicht auf ein einziges Ereignis bezogen, sondern fragt in diesem Fall die allgemeine Stimmung entlang einer zuvor festgelegten Skala ab. Dies kann kontinuierlich und über einen längeren Zeitraum erfolgen und eignet sich gut für die Arbeit in und mit Teams. Ziel ist die (bestenfalls tägliche) Erfassung des Stimmungsbildes im Team im morgendlichen Stand-up oder Daily Scrum. Die Dokumentation der Ergebnisse ermöglicht den Verlauf der Stimmung im Team über die Zeit zu sehen und Trends zu erkennen. Dies kann dabei helfen andere Geschehnisse oder Konflikte besser einzuordnen sowie die Wirksamkeit von Maßnahmen zur Verbesserung der Stimmung im Team zu überprüfen. Das Wissen um die Stimmung der Teammitglieder hilft zudem jedem Einzelnen in der Interaktion, sich auf sein Gegenüber einzustellen und dessen Reaktionen besser zu verstehen.

Für die Einschätzung der Stimmung bevorzugen wir eine 5er Skala, wobei 1 die schlechteste und 5 die beste Einschätzung der aktuellen Stimmung beschreibt. Um die Skala griffiger zu machen, kann man die Endpunkte konkreter beschreiben: "Meine Stimmung ist so schlecht, ich wollte heute Morgen am liebsten im Bett liegenbleiben." versus „Heute ist meine Stimmung blendend; am liebsten würde ich die ganze Welt umarmen". Alternativ kann man die Skala zusätzlich mit Symbolen oder Bildern veranschaulichen. Wichtig ist, die Bilder und die Skala nicht permanent zu wechseln, um eine im Zeitverlauf vergleichbare Einschätzung zu erhalten.

Der Facilitator bittet die Teammitglieder zu Beginn des Treffens um ihre Einschätzung der aktuellen Stimmung. Die Nennung der Stimmung kann nacheinander erfolgen oder gleichzeitig, beispielweise durch Stimmungskarten, die gezeigt werden. Das gleichzeitige Aufzeigen kann helfen, Verzerrungen zu vermeiden, wenn sonst aus Rücksicht auf andere eine negative oder allzu positive Stimmung zurückgehalten würde. Unpassende Kommentierungen oder sogar Bewertungen der Stimmung anderer Teammitglieder sollten unbedingt unterlassen werden, da sich ein solches Verhalten negativ auf das Vertrauen im Team auswirken kann.

Sobald ausreichende psychologische Sicherheit vorhanden ist, kann das Ergebnis besprochen werden und gegebenenfalls Maßnahmen für die Verbesserung der Stimmung abgeleitet werden. Die Dokumentation des Blitzlichts kann auf Ebene der einzelnen Personen oder aggregiert auf Teamebene erfolgen. Bei der aggregierten Variante wird lediglich der Mittelwert aus den Rückmeldungen festgehalten. Welches Vorgehen gewählt wird, sollte dem Team überlassen werden.

3.1.2 ROTI-Chart

Das ROTI-Chart bietet sich an, um im Anschluss an eine Besprechung, einen Workshop, einen Vortrag oder eine andere Veranstaltung ein Stimmungsbild der Teilnehmer einzufangen. Mit der individuellen Einschätzung des „Return on Time Invested" (ROTI) geben Teilnehmer ihr Feedback dazu ab, wie gut die Zeit, die jeder einzelne eingebracht hat, genutzt wurde. Der Facilitator und auch jeder Teilnehmer kann direkt sehen, ob die Nutzung eines Termins optimal war und ob die richtigen Teilnehmer in dem Moment am richtigen Ort waren.

Das ROTI-Chart ist eine Matrix. Die X-Achse bezeichnet dabei die investierte Zeit (wenig bis viel), während auf der Y-Achse der Nutzen (gering bis hoch) aufgetragen wird. Die Matrix kann auf einem Flip-Chart oder auf einem Poster abgebildet werden und die Teilnehmer markieren darin mit Klebepunkten oder Strichen ihr Feedback. So könnte es sein, dass zwei Personen den Nutzen gleichermaßen als hoch einschätzen, die eine Person die investierte Zeit als wenig einschätzt, während der Termin nach dem Geschmack der anderen Person ruhig hätte kürzer sein können. Umgekehrt könnten zwei Teilnehmer eine Besprechung als kurz empfunden haben, trotzdem fand der eine den zeitlichen Invest nützlich, während der andere keinen Sinn in der Teilnahme entdecken konnte.

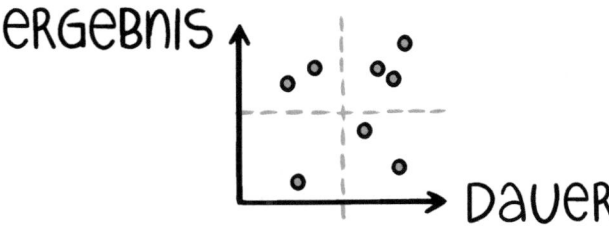

Wichtig ist, das ROTI-Chart so im Raum zu platzieren, dass möglichst alle Teilnehmer daran vorbeikommen. Hierzu bieten sich Wände in der Nähe des Ausgangs an. Die Skalen auf den beiden Achsen sollten für alle leicht verständlich sein. Verschiedene Visualisierungen wie Smileys können hierbei unterstützen. Werden die Klebepunkte zum Markieren des Feedbacks aktiv beim Vorbeigehen an die Teilnehmer verteilt, kann dies die Beteiligung nochmals steigern. Wird in die Matrix eine Gerade von links unten nach rechts oben eingezeichnet, kann dies die Teilnehmer leicht dazu verführen, ihre Punkte entlang dieser Gerade zu kleben. ROTI ist jedoch zweidimensional und keine eindimensionale Skala. Dies sollte den Teilnehmern auch so vorgestellt werden. Die Durchführung der Methode ist auch im virtuellen Raum möglich. Hierzu eignen sich Visualisierungen auf digitalen Whiteboards.

3.1.3 Durchlaufzeit

massnahme	erfasst	ongoing	fertig	alter
〰〰〰	〰	〰		**mittel**
〰〰〰	〰	〰	〰	**alt**
〰〰〰	〰	〰		**alt**
〰〰	〰			**neu**
〰〰〰	〰	〰	〰	**mittel**
〰〰	〰			**mittel**

Im agilen Kontext investieren Teams viel Zeit in die Verbesserung der eigenen Zusammenarbeit. In Scrum passiert dies in der Regel im Rahmen der Sprint Retrospective[13]. Dabei werden unzählige Maßnahmen abgeleitet und es ist für alle Beteiligten sehr frustrierend, wenn diese Maßnahmen ewig liegen bleiben und nicht in die Umsetzung kommen. Insbesondere im Zusammenhang mit Happiness empfehlen wir daher die Erfassung von Durchlaufzeiten für Verbesserungsmaßnahmen. Auf diese Weise können Fortschritte aufgezeigt und die fokussierte Abarbeitung von Maßnahmen unterstützt werden.

Die Durchlaufzeit (engl. Cycle Time[10]), also die Bearbeitungsdauer einer Aufgabe, ist in der Regel übrigens auch die erste Metrik, die für produktbezogene Aufgaben eines Teams zum Einsatz kommt. Sie hilft, auf der Basis von historischen Daten Analysen durchzuführen, eine Aussage über zukünftige Durchlaufzeiten zu treffen und Lieferprognosen zu formulieren. Wenn es um Aktivitäten für die Verbesserung des Teamworks geht, dann passiert es gerne, dass solche Maßnahmen "hinten runterfallen", weil produktbezogene Aufgaben vermeintlich wichtiger sind. Wir beschreiben die Durchlaufzeit daher im Abschnitt Happiness, um darauf aufmerksam zu machen, dass neben der reinen Arbeitsaufgabe auch Maßnahmen zur Verbesserung der Zusammenarbeit innerhalb eines Teams und der Arbeitszufriedenheit der einzelnen Teammitglieder in Backlogs ihren Platz finden müssen.

Zur Messung der Durchlaufzeit von Maßnahmen werden die Zeitpunkte dokumentiert, wann eine Maßnahme erfasst, in Umsetzung gebracht und abgeschlossen wird. Daraus ergeben sich die jeweiligen Verweildauern in einer der Kategorien. Aus der Analyse der Durchlaufzeiten lassen sich Ansatzpunkte identifizieren, Barrieren in Bezug auf die Bearbeitung von Aufgaben auszuräumen und das Team zu befähigen, zielführend und schnell die Qualität der gemeinsamen Zusammenarbeit zu optimieren. Wertvoll kann auch die Unterscheidung in Brutto- und Netto-Durchlaufzeiten sein. Die Netto-Durchlaufzeit ist die Zeit, die für konkrete Aktivitäten bei der Umsetzung einer Maßnahme aufgewendet wird. Wenn die Aktivitäten zu verschiedenen Zeitpunkten erfolgen, werden die Zeiten aufaddiert, um die Netto-Durchlaufzeit zu erhalten. Die Brutto-Durchlaufzeit ist die Zeit, die insgesamt vom Start- bis zum Endpunkt der Maßnahme vergeht (also auch das Warten auf Rückmeldungen). Werden beide Werte ins Verhältnis zueinander gesetzt, können sich aufschlussreiche Erkenntnisse im Hinblick auf Wartezeiten, unnötige Unterbrechungen und andere Formen der Verschwendung ergeben (Flow Efficiency, vgl. Kapitel 3.3.4).

3.1.4 Stimmungsboard

Das Stimmungsboard ist dazu da, täglich nicht nur Transparenz über das Stimmungsbild im Team (vgl. Kapitel 3.1.1) zu erhalten, sondern auch ein besseres Verständnis für die Gründe zu erlangen. Auf diese Weise können alle Teammitglieder sehen, wie es den jeweils anderen geht und welches Gesamtbild sich ergibt. Wir verwenden hierfür gerne eine Magnetwand, es funktioniert aber genauso gut auf einer Pinnwand oder auf einem Blatt Papier. Im Management-3.0-Werkzeugkasten wurde das Tool als „Niko-Niko-Kalender aufgenommen, wobei der aus dem Japanischen stammende Name „Lächeln" bedeutet und sogar eine Vorlage bereitstellt[11].

Beim Einsatz des Stimmungsboards kommen alle Teammitglieder zusammen, um die eigene Stimmung im Team zu teilen. Die Visualisierung kann dabei über Magnet-Daumen, Smileys oder ein Stimmungsranking entlang einer Skala mit Hilfe von (personenbezogenen) Magneten erfolgen. Jedes Teammitglied nennt dafür kurz seine Stimmung und bringt diese am Stimmungsboard an.

Werden auf dem Board weitere Informationen geteilt, zum Beispiel geplante Aufgaben oder identifizierte Hindernisse, kann das Stimmungsbild zusätzlich in einen gewissen Kontext gesetzt werden.

Ein Team sollte dabei selbst entscheiden, zu welcher Tageszeit die Erhebung der Stimmung den größten Nutzen bringt. Dabei haben sich vor allem zwei Varianten etabliert:

- Check-in: Im Rahmen des täglichen Stand-ups oder zu Beginn des Daily Scrums kann ein kurzer Check-in Raum für den Austausch über die Stimmung bieten. Auf diese Weise ist die Stimmung des Teams den ganzen Tag auf dem Stimmungsboard sichtbar. Dies ermöglicht den Teammitgliedern, ihre Stimmung im Verlauf des Tages anlassbezogen zu ändern und das Team hat Transparenz über die aktuelle Stimmung in Echtzeit.

- Check-out: Manche Teams kommen zum Abschluss des Tages noch einmal zusammen, um die Stimmung der einzelnen Teammitglieder zu erfassen. Auf diese Weise können die Erfolge des Tages noch einmal bewusst gemacht werden. Doch auch insbesondere ärgerliche Themen werden somit ausgesprochen, so dass die betroffene Person auf diese Weise gelöster nach Hause gehen kann. Sonst würde sie den Ärger möglicherweise ins private Umfeld mitnehmen, was dort wiederum zu schlechter Stimmung führen könnte.

Genauso wie über den Zeitpunkt kann und sollte ein Team das Stimmungsboard selbst personalisieren. Erscheinungsbild, Skala und Aufbewahrungsort sind dabei einige Beispiele für Aspekte, die jederzeit adaptiert werden können. Achtung: Wenn die Abfrage an einer zentralen Stelle aushängt, ist sie automatisch auch für Besucher ersichtlich. Dies sollte dem Team bewusst sein und es sollte von den Teammitgliedern gemeinsam entschieden werden, ob das für alle akzeptabel ist bzw. welcher Ort am besten geeignet ist.

Wird die Stimmung zusätzlich in einem zentralen Dokument und in einem standardisierten Format festgehalten, sind Auswertungen über einen längeren Zeitraum möglich und Trends oder Veränderungen im Stimmungsbild sichtbar. Dabei sollte das Team darüber entscheiden, ob eine Dokumentation erfolgt und ob diese auf Ebene des Einzelnen oder aggregiert für das ganze Team durchgeführt wird. Bei der aggregierten Variante wird der Mittelwert aus den Rückmeldungen festgehalten. Für die langfristige Auswertung und das Erkennen von Trends ist es wichtig, dass auch bei der Verwendung von Smileys oder Daumen eine Skala zugrunde gelegt wird.

Eine Möglichkeit, die Ergebnisse noch weiter zu konkretisieren, besteht darin, zwischen privaten und beruflichen Themen zu unterscheiden. Dies kann durch verschiedene Farben oder Spalten kenntlich gemacht werden. Der Hinweis, ob private oder berufliche Gründe für das jeweilige Stimmungsbild verantwortlich sind, kann dem Team helfen, die Lage des Einzelnen besser zu verstehen, darauf einzugehen und dies auch im Miteinander zu berücksichtigen. Selbst wenn jemand nicht über Details reden möchte, ist ein roter Klebezettel in der Spalte „privat" mit dem Hinweis „Ich möchte nicht darüber reden." nützlich. Denn wenn eine Person weiß, dass es einer anderen Person im Team aus privaten Gründen nicht gut geht, dann kann sie darauf Rücksicht nehmen und weiß gleichzeitig, dass die schlechte Stimmung nicht durch das eigene Handeln oder einen Vorfall im Team verursacht wurde. Das hilft, Missverständnisse und unterschwellige Konflikte im Team zu vermeiden.

Grundsätzlich können Begründungen rein verbal erfolgen oder eben in kurzen Schlagworten auf einem Klebezettel. Es geht dabei nicht darum, eine ausführliche Erläuterung der eigenen Stimmung abzugeben, sondern vielmehr um eine kurze Anmerkung, warum es einem gut oder schlecht geht. Das Team wird sich durch die Erklärung bewusst, inwiefern auf die Stimmung Einfluss genommen werden kann. Eine Analyse der Gründe für Stimmungsänderungen im Team wird möglich, sobald die Gründe an den jeweiligen Tagen ebenfalls dokumentiert werden. Dies erfolgt mit einfachen Schlagworten. Die Auswertung der Schlagworte zeigt dann wiederum auf, ob bestimmte Themen wiederholt zu einer positiven oder negativen Stimmung führen, zum Beispiel:

- Montag: Kaffeemaschine defekt, Süßigkeiten-Schrank leer
- Donnerstag: Kaffeemaschine repariert

Das Nennen der eigenen Stimmung vor dem gesamten Team erfordert immer auch ein hohes Maß an Vertrauen und respektvollem Umgang miteinander. Bewertungen und unangemessene Kommentare zu der Stimmung einzelner Teammitglieder sollten unterlassen werden. Im schlimmsten Fall können diese dazu führen, dass einzelne Personen ihre wahre Stimmung verbergen und nur noch eine „teamkonforme" Stimmung zurückmelden. Wichtig ist auch, nicht nach Gründen zu bohren, wenn jemand diese nicht preisgeben möchte. Die Nennung der Gründe muss stets freiwillig sein. Insbesondere dann, wenn die

Stimmung durch das private Umfeld beeinflusst wird, sollte das Team akzeptieren, dass ein Teammitglied die Gründe dafür nicht teilen möchte. Je offener Personen auch Hintergründe aus dem privaten Umfeld teilen und ins Team tragen, desto höher ist offensichtlich die psychologische Sicherheit, die das Miteinander im Team prägt.

Das Teamboard lässt sich mit virtuellen Whiteboards einfach virtuell umsetzen und ermöglicht somit auch den Einsatz bei verteilten Teams oder in Remote-Setups.

3.1.5 Happiness Door

Die Happiness Door ist ebenfalls ein Werkzeug aus dem Management-3.0-Baukasten. Sie dient dazu, ereignisbezogen während oder im Anschluss an Meetings, Workshops, Vorträge oder Veranstaltungen ein Stimmungsbild der Teilnehmer bzw. des Teams einzufangen. So kann der Facilitator sehen, ob die Anwesenden mit dem aktuellen Vorgehen zufrieden oder die aktuellen Inhalte hilfreiche sind.

Die Tür des Besprechungsraums wird dabei zum Instrument für die Visualisierung: Auf dem Rahmen oder der Wand neben der Tür wird eine Skala dargestellt, von negativer (unten) bis positiver (oben) Stimmung. Mit einem Klebezettel, einem Klebepunkt oder einfach nur einem Strich auf der Skala halten die Personen beim Durchschreiten der Tür, in einer Pause oder am Ende der Veranstaltung, ihre Stimmung fest. Türen bieten sich an, da alle Teilnehmer zwangsläufig an ihnen vorbeikommen. Es muss allerdings nicht zwingend eine Tür sein. Die Skala lässt sich auch auf Flip-Charts oder an Wänden abbilden. Wichtig ist, einen Ort auszuwählen, der einfach zugänglich ist. Es ist auch empfehlenswert, nicht nur die Stimmung selbst kenntlich machen zu lassen, sondern auch eine Erläuterung einzufangen, wie es zur jeweiligen Stimmung kommt. Nur so kann im späteren Verlauf einer Veranstaltung oder für die darauffolgende auf das Feedback sinnvoll reagiert werden.

Um ein aussagekräftiges Feedback zu erhalten, müssen alle die zugrunde gelegte Skala verstehen. Hierbei helfen Visualisierungen wie Smileys oder Sonnen und Wolken. Es ist hilfreich, sich im Vorfeld Gedanken zu den Teilnehmern zu machen. Manchen Menschen fällt das Mitmachen leichter, wenn sie nicht der Erste sind. Es kann daher helfen, wenn der Moderator Facilitator selbst als erster ein Feedback hinterlässt. Andere lassen sich durch bereits geklebte Punkte beeinflussen oder zögern, wenn alle Augen auf die Happiness Door gerichtet sind und sie sich beobachtet fühlen. Deshalb sollte genügend Zeit für das Feedback eingeplant werden. Ergänzend zur reinen Positionierung des Feedbacks auf einer Skala, ermöglicht der Einsatz von Klebezetteln auch eine Kommentierung oder Visualisierung. Das hilft, das Feedback besser zu verstehen und einzuordnen. Werden in einer Pause Punkte an der Happiness Door platziert, sollte der Moderator Facilitator unmittelbar darauf eingehen. Wird das Feedback der Teilnehmer nicht gewürdigt, wird es in der nächsten Pause nämlich als sinnlos angesehen und nicht abgegeben.

Das Konzept der Happiness Door lässt sich auch digital umsetzen. Dies gelingt mit einem virtuellen Whiteboard. Insbesondere dann, wenn der Ablauf des Events auf einem digitalen Whiteboard skizziert wird, lässt sich das Feedback an den jeweiligen Wegemarken einholen, an denen alle vorbeikommen. Weitere Möglichkeiten bieten digitale Umfrage-Tools und -Apps.

3.1.6 Timeline

Die Timeline hilft dem Team, einen gewissen Zeitraum der Team-historie zu reflektieren und ein gemeinsames Bild darüber zu erhalten. Zudem kann das Team mögliche Gründe für die derzeitige Stimmung identifizieren und die aktuelle Stimmungslage besser verstehen. Nicht immer haben alle Teammitglieder die Historie durchgängig miterlebt, beispielsweise durch einen krankheitsbedingten Ausfall oder aufgrund des späteren Eintritts ins Team. In diesem Fall kann eine gemeinsame Reflexion der Geschichte zu einem größeren Verständnis untereinander führen.

Für die Timeline muss der Facilitator zunächst gemeinsam mit dem Team definieren, für welchen Zeitraum das Team einen Blick über die Schulter nach hinten werfen möchte. Dann macht sich jedes Teammitglied für zehn bis fünfzehn Minuten Gedanken zu bemerkens-werten Situationen oder Momenten innerhalb des definierten Zeitraums und schreibt diese jeweils auf eine Moderationskarte. Das können herausragende, besonders tolle oder schlechte Ereignisse sein, aber auch aus anderen Gründen für das Teammitglied relevante Situationen oder Zeitpunkte. Wenn alle mit ihrer individuellen

Reflexion fertig sind, beginnt die eigentliche Timeline-Arbeit, die durch den Facilitator moderiert wird.

Dabei dient ein im Raum ausgelegtes Seil als Zeitlinie. Entsprechende Anker wie Jahreszahlen oder Monatsangaben auf Moderationskarten, strukturieren die Timeline, damit alle Beteiligten eine gute Orientierung auf dem Zeitstrahl haben. Das Team geht gemeinsam durch die Zeit, beginnend am zeitlich frühesten Punkt und schreitet die Zeitlinie im Raum bis in die Gegenwart ab. Auf dem Weg ergänzen alle Teammitglieder ihre Punkte, legen dabei ihre beschriebenen Moderationskarten an der entsprechenden Stelle ab und reflektieren so den fokussierten Zeitabschnitt. Es geht nicht darum, dass die Teammitglieder nacheinander jeweils ihre Sammlung an Themen und Situationen vorstellen, sondern vielmehr, dass das Team gemeinsam durch die Zeit geht und die Teammitglieder ihre Eindrücke zum jeweils passenden Moment teilen.

Je nachdem, wie viele Personen an der Timeline teilnehmen und wie viele Monate oder Jahre zurückgeblickt wird, dauert eine solche Reflexion zwischen einer und mehrerer Stunden. Die Timeline kann im Rahmen regelmäßiger Retrospektiven gut eingesetzt werden. Aber auch punktuell, wenn sich Spannungen ergeben und es sinnvoll scheint, der Entstehung dieser Spannungen nachzugehen, kann sie hilfreich sein. Wie oben angemerkt, ist dies auch ein gutes Vorgehen, um Teammitglieder, die für eine gewisse Zeit abwesend waren, auf den Stand der Dinge zu bringen.

Manchmal werden Gründe angebracht, warum der eine oder die andere sich nicht in der Lage fühlt, einen Beitrag zu der Timeline zu leisten. In einem solchen Fall empfehlen wir, die Person zu ermuntern doch mitzumachen, denn auch wenige oder vermeintlich weniger relevante Eindrücke können für die gemeinsame Reflexion wichtig sein. Darüber hinaus besteht kein Zwang, eine bestimmte Zahl von Karten zu schreiben. Vielmehr geht es darum, dass jedes Teammitglied für eine gewisse Zeit in sich geht, die Eindrücke transparent macht und für die Timeline-Arbeit zur Verfügung stellt. Was auch immer es ist, es ist in Ordnung.

Die Timeline lässt sich online gut umsetzen. Dazu erstellt man einen Zeitstrahl in einem Online-Whiteboard. Idealerweise kann jedes Teammitglied in diesem Arbeitsschritt nur die eigenen Karten sehen. Manche Online-Whiteboards bieten einen entsprechenden „privaten" Modus an. Ansonsten kann für jede Person ein Feld auf dem Whiteboard markiert werden, in dem die Karten gesammelt werden.

3.1.7 Retro Wall

Nicht nur im agilen Kontext wurde es als hilfreich erkannt, den eigenen Prozess kontinuierlich unter die Lupe zu nehmen und zu verbessern[12]. Der Gedanke wurde dann im Scrum Guide[13] als Sprint Retrospective wieder aufgegriffen und Retrospektiven wurden so ein fester Bestandteil des agilen Methodenbaukastens. Sie dienen dem besseren Verständnis für die eigenen Abläufe eines Teams, so dass es Qualität und Effektivität verbessern und entsprechende Maßnahmen ableiten kann.

Gemäß Scrum Guide findet die Sprint Retrospective am Ende eines jeden Sprints statt – schlimmstenfalls also nur ein einziges Mal im Monat, eben in Abhängigkeit von der Sprintlänge. Damit keine Aspekte – weder gute noch schlechte – in dieser Zeit in Vergessenheit geraten, empfehlen wir die Retro Wall. Dabei handelt es sich um eine Pinnwand (an einem geschützten Ort), auf der das Team Themen für Sprint Retrospektiven kontinuierlich und für alle Teammitglieder sichtbar sammelt. Dabei gibt es zwei Varianten:

- Variante 1: Zu Beginn des Sprints wird eine leere Retro Wall aufgestellt. Diese wird während des Sprints durch alle Teammitglieder gefüllt. Verbesserungsideen und andere wichtige Hinweise werden in dem Moment angepinnt, in dem sie sichtbar werden. Die Retro Wall dient dann als Startpunkt für eine Sprint Retrospective.

- Variante 2: Die Retro Wall bleibt dauerhaft stehen und wird am Sprintende nicht abgeräumt. Auf diese Weise können sich über einen längeren Zeitraum Themen herauskristallisieren, die dauerhaft stören und die in dem kürzeren Betrachtungs- zeitraum nicht allzu sehr ins Gewicht gefallen wären.

Mit den positiven und negativen Aspekten vor Augen lassen sich Gründe für die Stimmung im Team besser erkennen und es lässt sich kontinuierlich an Verbesserungen arbeiten. Eine digitale Ablage der Retro Wall kann helfen, die Erkenntnisse vor Blicken von außen zu schützen, sofern dafür keine physische Möglichkeit besteht. Auch für Remote-Setups ist das digitale Board bestens geeignet.

3.1.8 Stimmungsbarometer

Das Stimmungsbarometer eignet sich als zeitraumbezogene Abfrage, mit der ebenfalls ein Stimmungsbild im Team erfasst wird. Im Gegensatz zum Stimmungsboard werden jedoch nicht nur die Gründe für die Stimmung abgefragt, sondern die Teammitglieder werden ermutigt, ganz konkrete Ideen zu erfassen, um die Stimmung im eigenen Team zu verbessern. Insbesondere dann, wenn noch keine ausreichende psychologische Sicherheit besteht, um solche Vorschläge in der großen Runde zu machen, ist dieses Werkzeug geeignet.

Zunächst wird der Zeitraum definiert, der betrachtet werden soll. Dieser kann unterschiedlich lang sein. Um über die Zeit hinweg Veränderungen in der Stimmung sichtbar zu machen, empfiehlt es sich, das Stimmungsbarometer in regelmäßigen Abständen einzusetzen. Idealerweise sind die Zeiträume zwischen den Abfragen gleich lang, um Verzerrungen in der Auswertung zu vermeiden und möglicherweise auch systematische Aspekte zu erkennen (z.B. regelmäßiges Stimmungshoch im Quartal 3 aufgrund von Sommer und Urlaubszeit oder schlechte Stimmung im März wegen der kaputten Kaffeemaschine). Die Abstände sollten nicht zu kurz gewählt werden, damit abgeleitete Maßnahmen Wirkung entfalten und Veränderungen einsetzen können. Wir empfehlen einen Zeitraum zwischen vier und zwölf Wochen.

Im zweiten Schritt wird die Eingangsfrage definiert, zu der Feedback eingeholt werden soll. Dies kann sich auf die Zusammenarbeit in einem konkreten Projekt, die Zusammenarbeit zwischen Teams oder die Arbeitsatmosphäre im Unternehmen allgemein beziehen, zum Beispiel: „Wie beurteilst du die Zusammenarbeit im Projekt Rocket in den letzten drei Monaten?" Auch hierbei ist es sinnvoll, die Frage über mehrere Feedbackschleifen konstant zu halten, um Ergebnisse vergleichen und Veränderungen erkennen zu können. Die Rückmeldung auf die Frage erfolgt anhand einer Skala (z.B. 1 = ausgezeichnet bis 5 = nicht akzeptabel). Zur Veranschaulichung können kleine Visualisierungen wie Daumen oder Smileys helfen.

Im Folgenden wird zusätzlich noch nach den Gründen für die Stimmung sowie konkreten Verbesserungsideen gefragt. Dabei handelt es sich um Pflichtfelder. So bekommen die Teilnehmer die Möglichkeit, sowohl positive als auch negative Aspekte zurückzumelden und einen Vorschlag zur Verbesserung einzubringen. Damit ist neben dem Verstehen auch der erste Schritt zur Verbesserung gemacht. Die Möglichkeit zur Abgabe eines Verbesserungsvorschlags nimmt den Einzelnen mit in die Verantwortung zur Lösung von Problemen und aktiviert lösungsorientiertes Denken.

Das Stimmungsbarometer eignet sich insbesondere auch bei größeren Gruppen oder teamübergreifenden Abfragen und kann – je nach Umfeld – sowohl anonym als auch öffentlich durchgeführt werden. Die technische Umsetzung kann per Umfragetool digital, aber natürlich auch auf Papier mit klassischem „Kummerkasten" erfolgen. In beiden Fällen empfehlen wir, die Ergebnisse digital aufzubereiten, um die durchschnittliche Stimmung sowie wiederkehrende positive und negative Aspekte über mehrere Abfragen hinweg nachverfolgen zu können. Damit ist auch der Grundstein gelegt, um die Wirksamkeit von abgeleiteten Maßnahmen zu verfolgen.

3.1.9 Handlungsfelder

Ausgehend von einem Verständnis für mögliche Herausforderungen oder Schwierigkeiten in der Zusammenarbeit im Team helfen gemeinsam definierte Handlungsfelder, die Happiness zu verbessern. Wichtig dabei ist, die Umsetzung der Verbesserungen möglichst nachhaltig und nachvollziehbar zu gestalten. Außerdem empfehlen wir, zunächst lieber mit nur einer Maßnahme zu starten, diese umzusetzen und deren Wirkung nachzuverfolgen, als mehrere parallel zu bearbeiten.

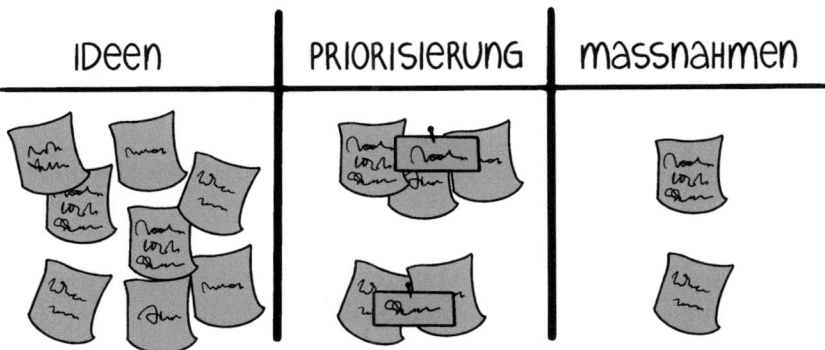

In einem ersten Schritt geht es darum, die passende Fragestellung zu formulieren. Hierfür empfehlen wir sogenannte "Wie-können-wir…"-Fragen (WKW-Fragen) aus dem Design Thinking[14]. Die Fragestellung beginnt hier – nicht weiter überraschend – immer mit "Wie können wir...". Dies hilft, den passenden Fokus zu finden und schafft einen guten Rahmen für den nächsten Schritt, der in der Ideenfindung besteht. Wichtig dabei ist, dass die Frage weder zu eng noch zu weit gestellt wird und dass kein Lösungsansatz in der Frage enthalten ist. So entsteht viel Raum für (gerne auch verrückte) Ideen. Beispiel: "Wie können wir unsere Dailys gestalten, damit wir alle einen energetischen und positiven Start in den Tag haben?"

Auf Grundlage dieser Fragestellung wird ein Brainstorming durchgeführt und Ideen für die Verbesserung auf Klebezetteln gesammelt. Dabei sollten Bewertungen zurückgehalten werden. Mut zu verrückten Ideen und die Produktion einer großen Anzahl an Ideen stehen im Vordergrund. Nach der Sammlung stellen die Teammitglieder ihre Ideen kurz vor. Der Facilitator gruppiert sie in einem moderierten Prozess. Das bedeutet, ähnliche oder miteinander verbundene Gedanken werden unter einer gemeinsamen Überschrift in Handlungsfelder zusammengefasst. In einem weiteren Schritt gilt es, die Handlungsfelder zu priorisieren. Hierfür kann jedes Teammitglied über eine bestimmte Anzahl Klebepunkte verfügen, die dann auf die Handlungsfelder verteilt werden können. Dabei ist es durchaus möglich, auch mehrere Punkte an ein Handlungsfeld zu vergeben, wenn dieses aus Sicht des Teammitglieds besonders wichtig oder wertvoll erscheint.

Nach der Priorisierung sollte klar sein, welche der entwickelten Ideen in die Umsetzung gehen. Wie oben angemerkt, ist es besser, sich auf wenige Maßnahmen zu fokussieren und diese konsequent umzusetzen, als zu viele Bälle in der Luft zu halten und sich möglicherweise zu verzetteln. Die anderen Handlungsfelder können dokumentiert werden, um zu einem späteren Zeitpunkt möglicherweise noch einmal in die Umsetzung gebracht zu werden.

Um die nachhaltige Umsetzung der Maßnahmen zu gewährleisten, müssen diese in eine für das Team hilfreiche Struktur bzw. den Teamprozess überführt werden. In einem agil arbeitenden Team kann dies ein Kanban-Board sein. Wir empfehlen, in jedem Sprint gemeinsam mindestens eine Verbesserung festzulegen, die angegangen wird. Eine Wirksamkeitsüberwachung kann dadurch erfolgen, dass die Metrik, die der Auslöser für den Verstehens- und

Verbesserungsprozess war, erneut oder regelmäßig eingesetzt wird. Auf Basis der Ergebnisse kann das Team eine Einschätzung vornehmen, wie wirksam die getroffenen Maßnahmen sind und wo ggf. nachgesteuert oder noch einmal neu angesetzt werden muss. Alternativ können die Ziele der Handlungsfelder SMART[15] formuliert werden und auf diesem Weg die Messbarkeit erreicht werden.

Das gemeinsame und aktive Verbessern der Qualität der Zusammenarbeit stärkt das Teamgefühl und die Zufriedenheit. Neben den konkreten Verbesserungen durch die adressierten Handlungsfelder hat auch dieser gemeinsame Prozess eine positive Wirkung auf die Team-Happiness. Mit einem Happiness-Backlog kannst Du auch über einen längeren Zeitraum sichtbar machen, was für die Happiness des Teams getan wird. Alle hier beschriebenen Schritte zur Identifikation, Priorisierung und Umsetzung der Handlungsfelder können auch mit einem Online-Whiteboard sehr gut umgesetzt werden.

3.2 Effectiveness

Im Zusammenhang mit dem Stichwort Agilität hören wir häufig Begriffe wie Geschwindigkeit oder Schnelligkeit. Tatsächlich ist es jedoch vielmehr ein Eindruck, der dadurch entsteht, dass wir uns auf „das Richtige" fokussieren und nur noch wertschöpfende Arbeitsergebnisse, in Form von Produkten und Dienstleistungen, ausgeliefert werden. Damit geht einher, dass Teams und ganze Organisationen sich immer weniger auf ihre Wettbewerber konzentrieren, sondern auf die Kunden[16]. Entlang ihrer Anforderungen werden Aktivitäten priorisiert und umgesetzt; alles Überflüssige wird weggelassen. In einem Artikel im Havard Business Review schrieb der US-amerikanische Ökonom und Pionier der moderneren Managementlehre Peter Drucker in diesem Zusammenhang[17]:

„There is surely nothing quite so useless
as doing with great efficiency what should not be done at all."

Es reicht dementsprechend nicht, die besten Prozesse und leistungsfähigste Ausstattung zu haben, wenn sich alle Anstrengungen auf die falschen Aktivitäten konzentrieren. Vielmehr soll durch eine agile Arbeitsweise die Trägheit klassischer Organisationen über-wunden werden, damit sie in der Lage sind, sich an ihr Umfeld anzupassen, das – wie wir wissen – ebenfalls stets in Bewegung ist; alle Änderungen an Strategie, Portfolio und Fähigkeiten orientieren sich dabei immer an der Frage der Effektivität[18]: Machen wir noch das Richtige?

Da Effektivität bzw. Effectiveness im Kontext agilen Arbeitens so essenziell ist, haben wir sie als zweiten Metrikenbereich aufgenommen. Auch in den agilen Prinzipien[19] wurde Effektivität gleich an mehreren Stellen verankert: Als „höchste Priorität" wird genannt, „den Kunden durch frühe und kontinuierliche Auslieferung (…) zufriedenzustellen und sich dabei auf das Wesentliche zu fokussieren („Einfachheit – die Kunst, die Menge nicht getaner Arbeit zu maximieren – ist essenziell."), nämlich „funktionierende Software" auszuliefern und als „Fortschrittsmaß" zu betrachten. Darüber hinaus ist ein Team angehalten, in Retrospektiven zu untersuchen, „wie es effektiver werden kann" und entsprechende Maßnahmen abzuleiten.

Im Arbeitsalltag müssen agile Prinzipien operationalisiert und auf diese Weise mit Leben gefüllt werden. Die Metriken im folgenden Kapitel haben sich im Arbeitsalltag bewährt, um die Effektivität von Teams verbessern. Natürlich gibt es – wie auch schon im Bereich „Happiness" – noch viele mehr und jedes Team sollte in Abhängigkeit seines Kontextes entscheiden, welche hilfreich sind.

3.2.1 Taskboard

Effektivität heißt, die richtigen Dinge zu tun. Damit dies gelingen kann, müssen wir zunächst sehen, woran das Team insgesamt arbeitet. Dies gelingt mit einem Taskboard, einem Werkzeug zur Visualisierung von Aufgaben für Einzelpersonen oder Teams. Dieses kann eine Pinnwand oder eine Magnetwand sein, funktioniert aber mindestens genauso gut auf einem digitalen Whiteboard. Zahlreiche digitale Applikationen wurden mittlerweile nur dafür entwickelt und bieten zahlreiche Funktionalitäten. Ziel ist es, unabhängig von der Arbeitsweise als Team vor Ort oder als Remote-Team, ein gemeinsames Bild über die geplanten und laufenden Aktivitäten zu erhalten.

Auf dem Board werden drei Spalten eingezeichnet. Eine Spalte für alle Aufgaben, die noch zu tun sind (ToDo), eine Spalte für die Aufgaben, die sich aktuell in Bearbeitung befinden (Doing) und eine Spalte für erledigte Aufgaben (Done). Als nächstes werden alle im Team geplanten und laufenden Aktivitäten auf eine Karte oder einen Klebezettel geschrieben und in der Spalte ToDo bzw. Doing angebracht. Ist das Taskboard initial befüllt, werden neue Themen kontinuierlich in der Spalte ToDo ergänzt. Aufgaben, die bearbeitet werden oder abgeschlossen sind, wandern in die Spalten Doing bzw. Done (siehe hierzu auch Kanban oder Kanban-Board[20]).

Die Transparenz und der Wissensaustausch kann weiter gesteigert werden, wenn das Team täglich vor dem Taskboard zusammenkommt. Dabei stellen die Teammitglieder kurz und prägnant die letzten Ergebnisse und die nächsten Schritte vor und aktualisieren den Status der Aufgaben. Neben dem Einblick in die Aktivitäten des Teams, bringt das Verschieben von Aufgaben in die Spalte „Done" auch immer ein kleines Erfolgserlebnis mit sich und wirkt sich positiv auf die Stimmung aus.

3.2.2 Story-Map-Abgleich

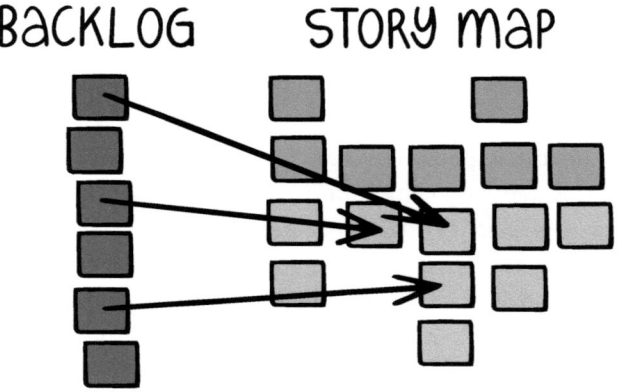

Effektives Arbeiten heißt vor allem, die Kunden und ihre Bedürfnisse zu kennen und das eigene Tun daran auszurichten. Dies kann nur gelingen, wenn ein Team sich intensiv mit seinen Kunden auseinandersetzt und Anforderungen explizit visualisiert. Auf diese Weise kann es nicht nur sichtbar machen, ob es Ungereimtheiten oder Lücken gibt und ein gemeinsames Verständnis – möglicherweise sogar über Teamgrenzen hinweg – herstellen, sondern auch sehen, ob die Aufgaben, die täglich erledigt werden, überhaupt im Zusammenhang mit Kunden-bedürfnissen stehen.

Eine Möglichkeit, die Kundenanforderungen zu visualisieren, ist das sogenannte User Story Mapping, das von Jeff Patton entwickelt wurde. Eine Story Map dient dazu, eine Geschichte aus Sicht des Kunden zu erzählen und diese Geschichte in ihre Einzelteile zu zerlegen, so dass diese zur Umsetzung in ein Backlog überführt werden kann. Die Gliederung der User Story Map kann auf unterschiedlichen Wegen erfolgen. Sie kann zum Beispiel in die einzelnen Schritte eines Geschäftsprozesses unterteilt werden, die ein Anwender mit Hilfe des Produktes durchläuft. Ausgehend von dem Ziel, das dieser Anwender erreichen möchte, werden dann zunächst die Aufgaben erfasst, die aus Sicht des Anwenders zur Zielerreichung durchzuführen sind (User Tasks). Diese werden als nächstes in ihrer Abfolge von links nach rechts auf einer Wand mit Klebezetteln visualisiert. Dies geht natürlich auch digital mit Hilfe eines virtuellen Whiteboards.

Die einzelnen User Tasks werden anschließend in Aktivitäten gruppiert. Aktivitäten setzen sich aus mehreren Aufgaben zusammen und werden vom Anwender zur Erreichung seines Ziels umgesetzt. Ist das Ziel des Anwenders, morgens pünktlich und gut vorbereitet im Büro zu sein, dann wird er auf dem Weg dorthin sicherlich Aufgaben wie Rasieren, Duschen und Zähneputzen erledigen. Diese lassen sich wiederum unter der Aktivität „Morgenhygiene" zusammenfassen. Aktivitäten und Aufgaben bilden die Grundstruktur der Story Map, das sogenannte Rückgrat (Backbone). An dieses werden im weiteren Vorgehen kleinere Teilaufgaben und Details unter den bestehenden Aufgaben angeheftet. Anschließend werden die Teilaufgaben gemessen am Nutzen für den Anwender priorisiert. Je höher die Priorität ist, desto weiter oben steht eine Teilaufgabe. Das so entstandene Raster mit Aktivitäten, Aufgaben und Teilaufgaben bildet die Story Map.

Gemeinsam mit dem Team, Stakeholdern und Anwendern kann diese nun durchgesprochen und angepasst werden, wodurch sich das gemeinsame Bild für den Prozess und damit auch die Bedürfnisse des Anwenders schärfen lässt. In Abhängigkeit von der Art des Produktes, das entwickelt oder hergestellt wird, kann jedoch auch eine andere Gliederung vorteilhaft sein.[21]

Nur dann, wenn ein Team die Erlebniswelt des Kunden oder Nutzers kennt, wird eine Fokussierung auf seine Bedürfnisse möglich. Offene Aufgaben zur Erfüllung dieser Bedürfnisse können auf der Basis dieses Verständnisses im Team entsprechend besser priorisiert werden. Daher empfehlen wir, aktiv mit der Story Map zu arbeiten und in jeder Iteration zu betrachten, ob und inwiefern ein Team auf die Umsetzung einzahlt. Denn in der Realität erleben wir häufig, dass Teams mit zusätzlichen Themen betraut werden, die mit der Erlebniswelt des Kunden wenig zu tun haben. Dies kann mit Hilfe des Story-Map-Abgleichs transparent gemacht werden.

Beim Story-Map-Abgleich führt sich das Team je Iteration vor Augen, ob ein Eintrag im Backlog im Zusammenhang mit der Story Map steht. Eigentlich sollte dieser immer gegeben sein, da Backlog-Einträge üblicherweise aus der Story Map abgeleitet werden. Im Eifer des Alltags und insbesondere in Teams, die sich noch in der Transformation von einer klassischen in eine agile Arbeitsweise befinden, erleben wir jedoch häufig, dass diese stringente Ableitung noch nicht erfolgt. Genau aus diesem Grund kann es hilfreich sein, den Story-Map-Abgleich durchzuführen und Transparenz darüber herzustellen, wie sich das Verhältnis zwischen Aufgaben mit Bezug zum Kundennutzen aus der Story Map und anderen Tätigkeiten darstellt. Für den Abgleich selbst bietet es sich an, die Backlog-Einträge entsprechend zu markieren (zum Beispiel im Task Board, vgl. Kapitel 3.2.1) und zum Ende der Iteration in Zahlen festzuhalten, wie das Verhältnis zu bewerten war. Diese Daten können auch eine nützliche Basis für Gespräche mit den Stakeholdern und dem Management sein, um die Arbeit des Teams effektiver zu gestalten.

3.2.3 Kategorienbildung

Ziel der Kategorienbildung ist es, die Transparenz über aktuelle und geplante Aktivitäten zu steigern, indem Schwerpunkte und Themencluster identifiziert werden. Dies hilft uns zu sehen, woran das Team arbeitet und wie facettenreich die Aufgabenvielfalt eines Teams möglicherweise ist. Diese pure Sichtbarkeit ist bereits ein grundlegender Schritt, die Effektivität des Teams zu erhöhen, denn überall, wo die Aufgaben sehr divers sind, lauert Produktivitätsverlust durch Kontextwechsel.

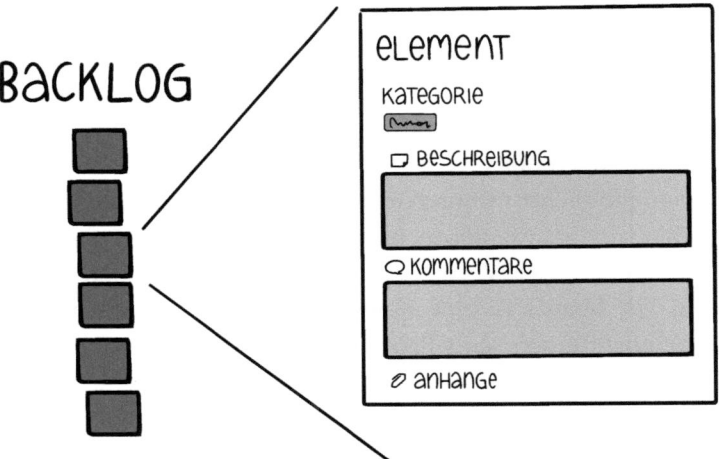

Im ersten Schritt der Kategorienbildung erfolgt eine Auflistung aller laufenden und geplanten Aktivitäten auf Klebezetteln, einem digitalen Whiteboard oder einem entsprechenden Tool. Hier kann auch das Taskboard (siehe Kapitel 3.2.1) als Ausgangspunkt verwendet werden. Als nächstes werden die Aktivitäten geclustert, d.h. einander ähnliche Aktivitäten werden unter einer gemeinsamen Überschrift zusammengefasst. Dies kann nach verschiedenen Kriterien erfolgen. Neben der inhaltlichen Zuordnung ist beispielsweise auch eine Clusterung nach operativen Themen und Entwicklungsthemen möglich. Ein richtig oder falsch gibt es bei der Kategorisierung nicht. Es geht darum zu erkennen, welche Gemeinsamkeiten und Abgrenzungsmerkmale es gibt, um zu sehen, woran das Team arbeitet. Die Zuordnung zu mehreren Kategorien ist ebenfalls möglich. Zur Kategorienbildung können entweder gleiche Themen einander zugeordnet oder über eine farbliche Markierung gekennzeichnet werden. Mit der gewonnenen Übersicht lässt sich die Themenverteilung im Team erkennen. Fokussierung oder breitgefächertes Allerlei sind nun transparent.

Nach der ersten Sortierung empfiehlt es sich, die Kategorisierung fortlaufend durchzuführen und neue Themen direkt zuzuordnen und zu kennzeichnen. Dadurch werden auch Verschiebungen in den Schwerpunkten ersichtlich. Einmal definierte Kategorien sind nicht für die Ewigkeit und sollten kontinuierlich dahingehend hinterfragt werden, ob die aktuelle Struktur die gewünschte Transparenz schafft oder Anpassungen notwendig sind. Es sollte darauf geachtet werden, Kategorien möglichst trennscharf zu halten und nicht mehr hilfreiche Kategorien wieder aufzulösen, um den Überblick zu behalten.

Insbesondere bei der Verwendung von entsprechenden Tools und digitalen Taskboards ist eine Kategorienbildung einfach umzusetzen und ermöglicht einen schnellen Überblick durch verschiedene Filter und Auswertungsmöglichkeiten.

Verstehen

3.2.4 Business Value

Für das langfristige Überleben eines Unternehmens ist es nötig, sich kontinuierlich an Kundenbedürfnissen zu orientieren und den Nutzen für den Kunden zu steigern. Eine geeignete Metrik, um zu verstehen, welche laufenden und geplanten Aktivitäten einen entsprechenden Beitrag leisten, ist der sogenannte Business Value.

Unter dem Business Value werden die Dinge zusammengefasst, die in einem Unternehmen langfristig Wert schaffen[22]. Dies ist in der Regel mehr als der rein ökonomische Wert und spiegelt sich unter anderem im Wert für den Kunden, die Mitarbeiter oder auch Geschäftspartner wider. Es empfiehlt sich, zu Beginn ein gemeinsames Verständnis im Team dafür zu schaffen, was im Team unter Business Value verstanden wird. Möglicherweise gibt es hierzu auch eine Definition seitens des Unternehmens, auf deren Basis Ableitungen für das eigene Team getroffen werden können.

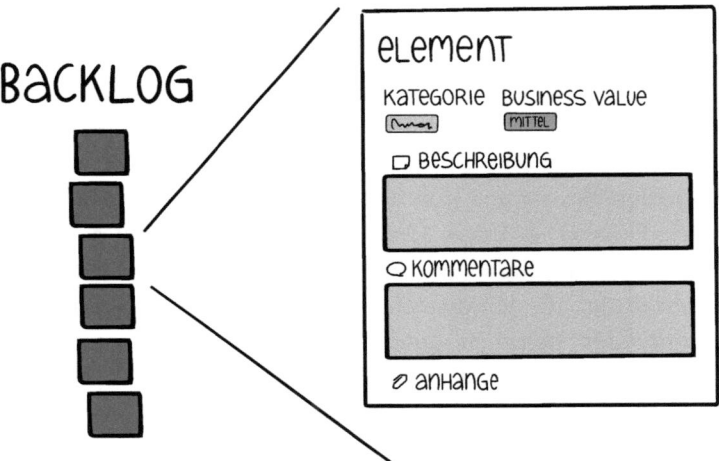

Anschließend wird eine Übersicht aller laufenden und geplanten Aktivitäten im Team erstellt. Dies kann über ein Taskboard erfolgen (vgl. Kapitel 3.2.1). Die einzelnen Aktivitäten werden nun im Hinblick auf ihren Beitrag zum Business Value betrachtet. Hierzu könnte die Frage lauten, welchen Beitrag zur Steigerung des Kundennutzens schaffen wir durch die Umsetzung dieser Aktivität? Im Idealfall ist der Effekt direkt beschreibbar. Ist dies nicht der Fall, so ist Vorsicht geboten. Werden lange Argumentationsketten benötigt, um eine Beziehung zwischen der Aktivität und dem Business Value herzustellen, empfiehlt es sich, nochmals genau zu hinterfragen, ob hier wirklich ein Zusammenhang besteht. In der Regel bearbeitet ein Team ein Mix aus Themen, die auf den Business Value einzahlen und solchen, die dies eben nicht tun. Schließlich müssen manchmal erst Voraussetzungen hergestellt werden, bevor der eigentliche Kundennutzen erreicht werden kann. Solche Voraussetzungen können technischer Natur sein, wie die Einführung einer Technologie oder eines Systems. Dementsprechend geht es beim Mapping auf Business Value nicht darum, für alle Aktivitäten einen Bezug zum Business Value herzustellen oder diesen zu rechtfertigen. Vielmehr wollen wir verstehen, welche dies tun und welche nicht.

Im Anschluss daran werden die Themen danach bewertet, wie groß ihr Effekt auf den Business Value ist. Hierzu reicht eine einfache Klassifizierung (z.b. klein, mittel, hoch) aus. Alternativ kann auch eine zahlenmäßige Bewertung durchgeführt werden, beispielweise mit der Fibonacci-Folge (1, 2, 3, 5, 8, 13 usw.). Das Schätzen mit der Fibonacci-Folge scheint oft einfacher zu sein als mit einer durchgehenden Nummerierung, da Unterschiede greifbarer werden und sich die Teammitglieder nicht in einer Scheingenauigkeit verzetteln. Die Bewertung kann durch Klebezettel auf analogen Taskboards oder entsprechenden Labels auf digitalen Boards erfolgen. Dabei besteht das Ziel nicht darin, eine möglichst genaue Einstufung zu erhalten, sondern zu verstehen, welche Themen einen größeren Beitrag zum Business Value leisten als andere.

Unterschiedliche Meinungen im Team hierzu sind nicht ungewöhnlich. Die Diskussion der unterschiedlichen Einschätzungen in der Gruppe ist wertvoll und hilft dabei, ein gemeinsames Verständnis zu schärfen. Dieses Verständnis bildet die Basis für die Priorisierung und konsequente Ausrichtung der Aktivitäten am Business Value. Sobald die Bewertung einmal durchgeführt wurde, empfiehlt es sich, diese fest im Team zu verankern und kontinuierlich nachzuschärfen, um neue

Themen entsprechend einsortieren und Verschiebungen erkennen zu können.

3.2.5 Flow Distribution

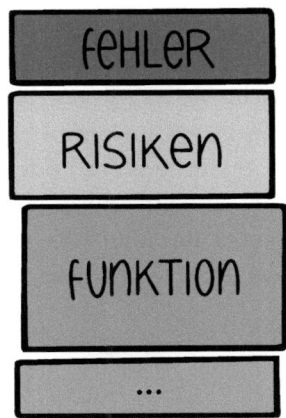

Wie im vorherigen Kapitel bereits angesprochen wurde, bearbeitet ein Team nicht ausschließlich Aufgaben, die unmittelbaren Business Value erzeugen. Aus diesem Grund ist es wichtig, zu verstehen, in welche Aktivitäten ein Team involviert ist.

Basierend auf der Kategorienbildung (vgl. Kapitel 3.2.3) empfehlen wir die Nutzung der Metrik „Flow Distribution"[23], die bezogen auf ein Produkt wie eine Software, die Arbeit ebenfalls in Kategorien einordnet. Diese könnten unter anderem die folgenden sein: Funktionalität, Fehler, Risiken, mangelhafte technische Umsetzung, die zu negativen Konsequenzen führt (sogenannte Technische Schulden).

Das Verständnis der Verteilung von Elementen, die ein Team „im Fluss" hat, verfolgt verschiedene Zwecke: Einerseits kann es als Grundlage dienen, um im operativen Vorgehen mit Stakeholdern zu erörtern, welche Backlog-Einträge sie aktuell bevorzugen – zum Beispiel: Fehler auflösen oder neue Funktionalitäten umsetzen?

Auf der anderen Seite können auf der Basis der gegenwärtigen Verteilung von Elementen auch strategische Entscheidungen getroffen werden oder sie spiegeln sich umgekehrt in der Flow Distribution wider. Sobald ein Unternehmen für sich entscheidet, eine technologische Erneuerung vorzunehmen und sich auf die Beseitigung von Provisorien zu fokussieren, wird sehr wahrscheinlich der Anteil von Aufgaben zur Umsetzung neuer Funktionalitäten sinken.

Der Anteil von Elementen im Verhältnis zu 100 Prozent Kapazität kann sowohl auf einem Blatt Papier als auch mit Hilfe eines entsprechenden Tools abgebildet werden. Spätestens am Ende einer Iteration kann ein entsprechendes Diagramm erstellt und analysiert werden. Auch im Planning und während einer Iteration lässt sich durch eine farbliche Codierung von Aufgaben – physisch oder digital – das Bewusstsein schärfen.

3.2.6 Zielzuordnung

Mit der konsequenten Zuordnung von geplanten Aktivitäten zu den Zielen, auf welche diese einzahlen, lernen wir zu verstehen, wodurch im Team Mehrwert generiert wird. Die Zuordnung kann sich dabei auf Abteilungs-, Bereichs- oder Unternehmensziele beziehen.

Startpunkt sind die Ziele des Teams oder Bereichs. Diese können in Abhängigkeit von der Organisation etwa Jahresziele oder Quartalsziele sein und werden auf einer Pinnwand oder einem digitalen Whiteboard präsentiert. Als nächstes wird eine Übersicht aller geplanten und laufenden Aktivitäten im Team erstellt. Dies kann über ein Taskboard geschehen (vgl. Kapitel 3.2.1). Anschließend ordnet das Team die aufgelisteten Aktivitäten den Zielen zu, auf die sie einzahlen. Je nach Zielformulierung und Aktivitäten können auch mehrere Ziele betroffen sein. In diesem Fall wird die Aktivität dem Ziel zugeordnet, auf das sie den größten Einfluss hat und das weitere Ziel zusätzlich vermerkt. Eine Möglichkeit der Zuordnung besteht darin, die Ziele zu nummerieren und die entsprechende Nummer auf die Aktivitäten zu übertragen (z.B. „Ziel Nr. 5"). In digitalen Aufgaben-Boards kann dies mit einem Tag erfolgen. Bei physischen Boards können farbliche Markierungen oder Nummerierungen mit Klebepunkten hilfreich sein. Als nächstes wird zu jeder Aktivität beschrieben, auf welche Art und Weise sie auf das ihr zugeordnete Ziel einzahlt. Idealerweise ist der Effekt durch die Umsetzung direkt messbar und somit nachvollziehbar.

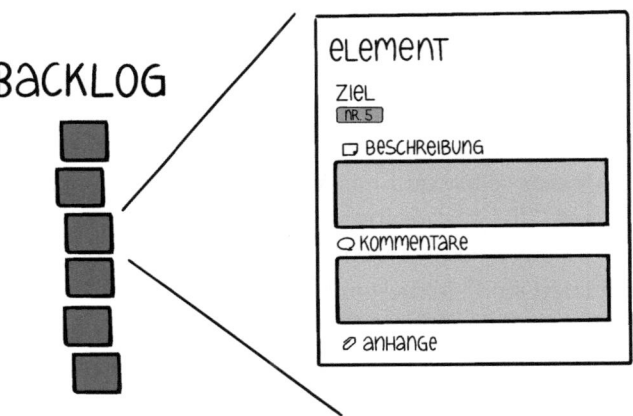

Achtung: Sind lange Argumentationsketten zur Erklärung des Zusammenhangs nötig, besteht möglicherweise keine echte Beziehung zu dem Ziel und es lauert die Gefahr, ein verzerrtes Bild zu erzeugen. Ist sich das Team unsicher, empfiehlt es sich, die Aktivität nochmals genau zu hinterfragen und zu prüfen, was tatsächlich erforderlich wäre, um den gewünschten Effekt zu erreichen. Wurden alle Aufgaben geprüft und – falls möglich – zugeordnet, erhält man ein erstes Bild davon, wodurch es dem Team gelingt, die Ziele zu erreichen und welche der geplanten Aktivitäten nicht direkt auf die Ziele einzahlen. Im nächsten Schritt werden nun die zugeordneten Aktivitäten mit den gesteckten Zielen abgeglichen. Sind bereits für alle Ziele entsprechende Aktivitäten geplant? Gibt es Unterschiede in der Verteilung oder

Detaillierung? Dies hilft zu verstehen, ob weitere Maßnahmen zur Zielerreichung formuliert werden müssen.

Die Zielzuordnung ist kein einmaliges Event. Sie sollte rollierend stattfinden, zum Beispiel in Verbindung mit der regelmäßigen Planung nächster Schritte. Durch die Zielzuordnung ist es möglich zu verstehen, durch welche Aktivitäten das Team zur Zielerreichung beitragen kann. Das so gewonnene Verständnis hilft Themen zu priorisieren und ermöglicht dem Team ein effektives Arbeiten.

Wichtig: Nicht alle Aktivitäten, die in einem Team anfallen, haben einen direkten Zielbezug und das ist in Ordnung. Vielmehr muss jedes Team für sich das richtige Maß finden, ohne dabei die Zielerreichung aus den Augen zu verlieren. Viel wichtiger ist daher der ehrliche Umgang mit sich selbst und das Vermeiden des Versuchs, alles über Umwege einem Ziel zuzuordnen.

Was tun, wenn noch keine Ziele für den eigenen Bereich kommuniziert oder identifiziert sind? In diesem Fall musst Du selbst ran: Wenn keine Ziele bekannt sind, dann kann es helfen, die Unternehmenshomepage oder das Intranet nach Vision und Strategie oder Zielen zu durchsuchen und daraus eigene Ziele abzuleiten, die dabei helfen, die Unternehmensvision und -strategie zu erfüllen; das ist besser, als gar keine Orientierung zu haben. Gleichzeitig ist das Fehlen von kommunizierten Zielen kein hinnehmbarer Zustand und sollte von Dir als Impediment aufgebracht werden.

Verbessern

3.2.7 KISS

Das Acronym KISS steht für Keep (Behalten), Improve (Verbessern), Start (Beginnen) und Stop (Beenden). Ziel von KISS ist es, das Arbeitsergebnis zu verbessern, indem Unnötiges weggelassen und Fehlendes gestartet wird.

Dazu sammelt das Team in einer Matrix aus vier Feldern Aspekte, die beibehalten (Keep), verbessert (Improve), gestartet (Start) oder gestoppt (Stop) werden sollen. Durch die Festlegung eines Themas wird gleich zu Beginn der Betrachtungsraum eingeschränkt und der nötige Fokus geschärft. Um die Effectiveness zu verbessern, kann beispielsweise das Thema "Priorisierung und Einplanung von User Stories" herangezogen werden. Jedes Teammitglied sammelt für sich Punkte, die mit Blick auf die "Priorisierung und Einplanung von User Stories" beibehalten, verbessert, gestartet oder gestoppt werden sollen. Im zweiten Schritt stellt jedes Teammitglied seine Punkte vor und platziert diese mit Klebezetteln in dem entsprechenden Feld auf der Matrix. Es ist nicht ungewöhnlich, dass im Team unterschiedliche Ansichten bezüglich der Platzierung einzelner Punkte in der Matrix bestehen. In diesem Fall gilt es, die unterschiedlichen Perspektiven im Team zu besprechen. Neben einem gemeinsamen Verständnis bringt die Gruppendiskussion oftmals auch neue Ideen zur Verbesserung oder verborgene Problemursachen ans Licht. Ein neutraler Moderator kann helfen, eventuell auftretende Konflikte zu lösen oder Themen explizit anzusprechen.

Ist ein gemeinsames Bild entstanden, werden die weiteren Schritte zur Umsetzung definiert. Aspekte im Feld „Stop" sollten so schnell wie möglich, idealerweise sofort, eingestellt werden. Für neue Themen im Feld „Start" gilt es konkret festzulegen, was bis wann getan wird, um die Themen anzugehen. Wurden Aspekte identifiziert, die zu verbessern sind, dann müssen auch hier Ideen zur Optimierung konkretisiert und erste Schritte zur Umsetzung definiert werden.

Wichtig ist, dass sich das Team auch Gedanken dazu macht, wie sich die Verbesserungen zeigen werden und welche Metrik sich durch die Maßnahme wie verändern wird. Dies ermöglicht es dem Team zu prüfen, ob die Maßnahmen den gewünschten Effekt liefern und wirksam werden.

Neben dem hier beschriebenen Fall kann KISS auch im Rahmen einer Sprint Retrospective eingesetzt werden. Die Methode lässt sich im klassischen Workshop mit Flipchart und Klebezetteln, aber auch online mit einem virtuellen Whiteboard leicht umsetzen.

3.2.8 Iterationsziel

Zur Verbesserung der Effektivität eines Teams hilft es, den Fokus der Aktivitäten im Team für einen bestimmten Zeitraum auf eine Dimension des Business Values oder ein übergeordnetes Ziel zu lenken. Dies gelingt mit dem Sprintziel in Scrum[13] oder mit einem Iterationsziel oder -motto in einem andersgearteten iterativen Vorgehen. Das Sprintziel in Scrum liefert dem Team die Vision und den Sinn für die laufende Iteration und gibt einen klaren Fokus vor. Auch für Teams, die nicht nach Scrum arbeiten, empfehlen wir, den Fokus für einen definierten Zeitraum auf ein bestimmtes Ziel zu richten; deswegen schlagen wir vor, zumindest ein Motto zu definieren.

Als Startpunkt kann die Zielzuordnung aus dem vorangegangenen Kapitel herangezogen werden. Dort haben wir die verschiedenen Aktivitäten im Team den übergeordneten Zielen zugeordnet. Im nächsten Schritt wird eines der übergeordneten Ziele ausgewählt und ein Teilziel definiert, das man in der nächsten Iteration (z.B. drei Wochen) erreichen möchte. Besteht ein übergeordnetes Ziel darin, bis Quartalsende ein neues Schulungskonzept für Führungskräfte anzubieten, dann könnte das Sprintziel lauten: „Führungskräfte können ein neues Schulungsangebot in Anspruch nehmen". Mit dem (Teil-)Ziel vor Augen werden nun die dazugehörigen Aktivitäten für die nächste Iteration eingeplant. Alle Bestrebungen im Team sollten darauf gerichtet sein, das Ziel zu erreichen. Andere Themen werden nicht priorisiert. Dadurch wird vermieden, dass viele Themen parallel gestartet werden, ohne echten Fortschritt zu erzeugen. Werden derartige Ziele offen kommuniziert, ist es auch für andere Teams und Stakeholder klar erkennbar, wo der Fokus des Teams gerade liegt und warum andere Themen möglicherweise nicht bearbeitet werden.

Es muss nicht immer ein inhaltliches Ziel oder Motto sein, das dem Team eine Orientierung gibt. Mit dem Sprintmotto können auf teilweise lustige und motivierende Art die Themen zusammengefasst werden, die den nächsten Sprint bestimmen. „Dive Deeper!", „Learn to Fly!" oder „The Big Cleaning" sind Beispiele, in denen der Fokus darin besteht, in Themen nochmals tiefer einzusteigen, etwas das erste Mal im Regelbetrieb zu tun oder einfach mal Dinge aufzuräumen. Dies kann vor allem dann ein Wir-Gefühl im Team fördern, wenn nicht alle Teammitglieder am gleichen Produkt arbeiten. Ein passendes Bild oder Icon kann zusätzliche Motivation schaffen.

3.3 Constant Pace

Warteschlangen und Engpässe in der Abarbeitung von Aufgaben führen in Teams regelmäßig zu Belastungsspitzen, Stresssituationen und nicht zuletzt auch zu Lieferrückständen und frustrierten Kunden. Die Gründe, die dazu führen, sind sehr unterschiedlich. So können Abhängigkeiten zu anderen Teams die Abarbeitung bremsen und zu Wartezeiten führen. Externe Entscheider können Prioritäten neu setzen oder „Prio-Aufgaben" ergänzen und dadurch einen Stau in der Abarbeitung verursachen. Oder das Team hat schlichtweg schlecht geplant und sich zu viel vorgenommen. Die Folgen hieraus wirken sich negativ auf die Effizienz im Team, die Planungsqualität von Lieferterminen und die Mitarbeitergesundheit aus.

Wartezeiten aufgrund von Abhängigkeiten oder das mehrmalige Einarbeiten in die gleiche Aufgabe aufgrund von Unterbrechungen oder neuer Priorisierung sind typische Beispiele für Verschwendung. Ähnliche Konsequenzen zieht ein hoher Bestand an angefangenen, aber nicht abgeschlossenen Aufgaben (Work in Progress, vgl. Kapitel 3.3.7) nach sich[24]. Effizientes Arbeiten im Team kann nur gelingen, wenn Verschwendung konsequent eliminiert wird. Schwankungen in der Abarbeitung von Aufgaben aufgrund der bereits genannten Störfaktoren erschweren zudem die Planung von Aufgaben mit Bezug auf die zur Verfügung stehenden Kapazitäten. Dies führt zu Herausforderungen in der Einhaltung von Lieferterminen und Zusagen gegenüber Stakeholdern.

In einem Arbeitsumfeld, in dem sich Phasen von viel und wenig Arbeitsbelastung abwechseln und dies für die Teams nicht planbar ist, kann es zudem zu gesundheitlichen Konsequenzen für die Mitarbeiter kommen. Neben der Belastung, die von außen auf den Menschen einwirkt, muss auch die Beanspruchung als unmittelbare, subjektive und damit individuelle Empfindung des Menschen, der mit dieser Belastung umgeht, betrachtet werden[25]: Die Beanspruchung in Form von Aufgaben und der Arbeitsumgebung kann sowohl positiv (z. B.

Anregung, Aktivierung) als auch negativ (z. B. Ermüdung, Monotonie) sein. Eine Fehlbeanspruchung liegt vor, wenn Anforderungen und die individuellen Leistungsvoraussetzungen des Mitarbeiters nicht übereinstimmen (Überforderung und Unterforderung). Stressoren und Belastungen, wie Zeitdruck und Behinderungen des Arbeitshandelns, können demnach auch krank machen. Es ist also enorm wichtig, Arbeitsspitzen oder Phasen mit zu wenig Beanspruchung zu vermeiden und damit den Workload möglichst gleichmäßig zu halten.

Idealerweise gelingt es Teams, einen Arbeitsmodus zu schaffen der es ihnen ermöglicht, den Arbeitsvorrat in gleichmäßigem Tempo (Constant Pace) abzuarbeiten und kontinuierlich Ergebnisse zu liefern. Dies wird auch in den agilen Prinzipien an mehreren Stellen verdeutlicht, in dem es heißt: „…Auftraggeber, Entwickler und Benutzer sollten ein gleichmäßiges Tempo auf unbegrenzte Zeit halten können." und weiter „Liefere funktionierende Software regelmäßig innerhalb weniger Wochen oder Monate…"[19].

Im folgenden Kapitel haben wir verschiedene Metriken zusammengestellt, die Teams dabei helfen können, ein gleichmäßiges Tempo in der Abarbeitung ihre Arbeitsvorrats zu implementieren. Dabei geht es zunächst um die Frage, wie man die Geschwindigkeit, mit der das Team Aufgaben abarbeitet, sichtbar machen kann. Darauf aufbauend zeigen wir Metriken, die helfen zu verstehen, wodurch die Geschwindigkeit beeinflusst wird und wie die Planung mit Hilfe von Metriken kontinuierlich verbessert werden kann.

Sehen

3.3.1 (Flow) Velocity

Die Velocity hilft einem Team dabei, eine Aussage darüber treffen zu können, welche Umfänge zu welchem Zeitpunkt in der Zukunft geliefert werden können. Natürlich handelt es sich dabei immer nur um eine Abschätzung, die auf der Messung der Arbeitsmenge basiert, die ein Team in einem bestimmten Zeitraum bewältigt. Sie ermöglicht einem Team auch zu sehen, ob die Bearbeitungsgeschwindigkeit im Zeitverlauf konstant ist oder schwankt[26].

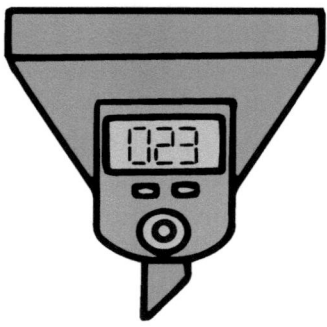

Zur Erfassung der Velocity, also der Arbeitsmenge, die ein Team innerhalb eines festgelegten Zeitraums bewältigt, wird zunächst ein geeignetes Messverfahren entwickelt. Die für eine Iteration geplanten Aufgaben werden dafür zu Beginn mit einem Planwert versehen, so dass der Ist-Wert am Ende mit diesem verglichen werden kann. Die bloße Erfassung der Anzahl erledigter Aufgaben ist eine Möglichkeit. Diese Metrik wird als Flow Velocity[23] (dt. Fließgeschwindigkeit) oder Throughput[27] (dt. Durchsatz) bezeichnet. Das Ergebnis ist jedoch nicht immer aussagekräftig, weil es davon abhängt, ob die Aufgabenpakete in etwa vergleichbar sind.

Aus den historischen Daten zum Durchsatz kann für die Zukunft eine Prognose abgegeben werden, wie viele Aufgaben ein Team schaffen wird. Über die bloße Anzahl an Elementen hinaus können diese mit zeitlichen Schätzungen versehen werden. Allerdings sind Menschen nicht besonders gut im Schätzen von Zeit, so dass die geschätzte Bearbeitungsdauer als alleinige Messgröße ebenfalls schwierig ist. Teams gelingt es eher, Aufgaben ins Verhältnis zu setzen, als sie mit absoluten Werten zu versehen. An dieser Stelle setzen wir mit der Komplexitätsschätzung von Aufgaben an, um ein Gefühl für deren

Größe zu erhalten. Die Komplexität einer Aufgabe wird von der Anzahl der Schnittstellen und Beteiligten oder der Prozessschritte, die zu durchlaufen sind, bestimmt. Auch die Frage, ob es sich bei einer Aufgabe um etwas völlig Neues oder um eine Routinetätigkeit handelt bzw. wieviel Risiko vermutlich darin enthalten ist, spielt eine wesentliche Rolle.

Um die einzelnen Aufgaben zu bewerten und in Relation zueinander zu setzen, kann mit Hilfe von T-Shirt-Größen (S = klein, M = mittel, L = groß, usw.) oder mit sogenannten Story Points, für die häufig die Fibonacci-Folge (1, 2, 3, 5, 8, 13 usw.) eingesetzt wird, die Komplexität bestimmt werden. Den Startpunkt bildet in der Regel eine sogenannte Referenzaufgabe. Diese hat das Team bereits mehrfach erledigt und somit ein gutes Gefühl dafür, wie komplex die Durchführung ist. Sie gibt beim Schätzen der restlichen Aufgaben Orientierung. Wurde für die Referenzaufgabe eine Komplexität von 8 festgelegt, kann sich das Team bei der Schätzung weiterer Aufgaben immer die Frage stellen, ob diese mehr oder weniger komplex sind als die Referenzaufgabe.

Das Schätzen der Aufgaben erfolgt im Team, zum Beispiel mit Hilfe der Methode Planning Poker®, die von James Grenning erfunden und von Mike Cohn bekannt gemacht wurde[28]. Hierbei wird die zu schätzende Aufgabe von einem Teammitglied vorgestellt. Anschließend geben alle Teammitglieder gleichzeitig ihre Schätzung zur Komplexität (Größe) der Aufgabe ab, indem sie eine Karte aus einem Kartenset hochhalten, auf deren Einzelkarten jeweils die Werte aus der Fibonacci-Reihe abgebildet sind. Die Schätzung erfolgt zeitgleich, um alle individuellen Eindrücke zu sammeln und Verzerrungen durch Meinungsbildner in der Gruppe zu vermeiden. Bei Remote-Teams ist auch eine zeitgleiche Eingabe im Chat oder der Einsatz eines passenden Online-Tools denkbar. Wird die Größe der Aufgabe unterschiedlich geschätzt, erklären die Teammitglieder, deren Werte am weitesten auseinanderliegen, warum sie sich für den jeweiligen Wert entschieden haben. Dadurch wird das gemeinsame Verständnis für die Aufgaben und den damit verbundenen Aufwand geschärft. Diese Auseinandersetzung mit dem Diskussionsgegenstand liefert einen wesentlichen Mehrwert. Anschließend wird nochmals geschätzt und ein gemeinsamer Wert ermittelt. Sobald die Aufgaben geschätzt wurden, kann das Team dies als Basis für die Planung der Aufgaben nehmen und anhand der Abarbeitung die Velocity berechnen.

Arbeitet ein Team beispielweise in einem Rhythmus von zwei Wochen und schließt in diesem Zeitraum eine Aufgabe der Größe 8, zwei Aufgaben der Größe 5 ab, eine Aufgabe der Größe 3 und eine Aufgabe der Größe 2 ab, ergibt sich daraus eine Velocity von 23. Erfasst das Team die Velocity über mehrere Iterationen hinweg, kann es sehen, wie gut es ihm gelingt, mit einer konstanten Geschwindigkeit zu arbeiten. Durch den Vergleich der geplanten Arbeitsmenge mit der am Ende des Zyklus tatsächlich erledigten Arbeitsmenge lässt sich zudem die Planungsqualität steigern.

3.3.2 Burn-Down-Chart

Mit der Hilfe von Burn-Down-Charts wird der Fortschritt in der Abarbeitung in Form einer Grafik sichtbar, indem die innerhalb eines Arbeitszyklus verbleibenden Aufgaben über die Dauer der Iteration dargestellt werden[29]. Zur Erstellung des Burn-Down-Charts dient ein Linien- oder Balkendiagramm, auf dessen X-Achse der Zeitverlauf und auf der Y-Achse die Summe der zu erledigenden Aufgaben je Zeitpunkt abgebildet werden[26]. Arbeitet ein Team mit Scrum, ist dieser Zeitraum in der Regel die Sprintlänge und die zu erledigenden Aufgaben die Einträge im Sprint Backlog. Es können in Abhängigkeit von der jeweiligen Arbeitsweise aber auch andere Zeiträume betrachtet werden.

Zu Beginn werden alle für den Abarbeitungszeitraum bekannten Aufgaben summiert und im Diagramm entsprechend markiert. Täglich wird dann die Summe der verbleibenden Arbeit eingetragen und mit der Markierung des Vortags verbunden. Als Messgröße für die zu erledigenden Aufgaben kann je nach Kontext und Anwendungsfall neben der bloßen Aufgabenmenge oder angenommenen Personenstunden auch deren geschätzte Komplexität verwendet werden (vgl. Kapitel 3.3.1). Der Zeitverlauf auf der X-Achse wird in der Regel in Tagen und Kalenderwochen abgebildet.

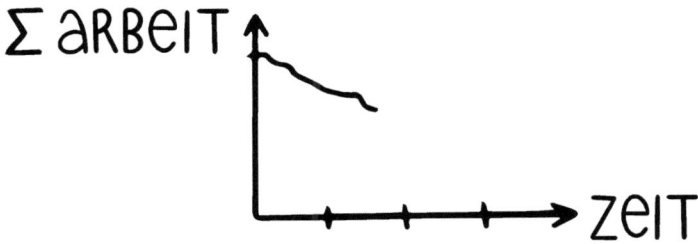

Durch die tägliche Aktualisierung des Burn-Down-Charts kann das Team sehen, ob es ihm gelingt, Aufgaben gleichmäßig abzuarbeiten, es womöglich eine Bugwelle vor sich herschiebt oder sich sogar zusätzlichen Aufgaben widmen kann. In der Regel wird die Summe der verbleibenden Arbeit von Tag zu Tag kleiner. Doch auch zusätzliche Arbeit, die das Team im Laufe der Iteration entdeckt oder die von Dritten hinzugefügt wird (vgl. Kapitel 3.3.3), kann genauso wie Fehleinschätzungen (vgl. Kapitel 3.3.4) in einem Burn-Down-Chart kenntlich gemacht werden, so dass es an bestimmten Stellen ebenso zu Anstiegen kommen kann.

Neben der Ist-Entwicklung des Arbeitsvorrats kann zusätzlich die geplante Abarbeitung als Ideallinie im Diagramm eingezeichnet werden. Im Vergleich mit der tatsächlichen Abarbeitung lässt sich dann erkennen, wie schnell das Team vorankommt und es können Prognosen abgeleitet werden, bis wann der Arbeitsvorrat vollständig abgearbeitet sein wird. Aufgrund unterschiedlicher Größe von Aufgaben ist es nicht ungewöhnlich, dass der Fortschritt nicht direkt auf der Ideallinie verläuft. Wichtig ist auch hier, über mehrere

Iterationen hinweg Muster zu erkennen und zu verstehen, wann das Team tatsächlich in ein Problem hineinläuft. Dies kann von Team zu Team unterschiedlich sein.

3.3.3 Backlog-Länge

Im agilen Kontext sprechen wir im Zusammenhang mit einem Aufgabenvorrat in der Regel von einem Backlog. Die Summe der darin enthaltenen Einträge beschreibt, was erledigt werden muss, um ein bestimmtes Arbeitsergebnis zu erzielen, ein Projekt abzuschließen oder ein Produkt bereitzustellen. Die Länge des Backlogs über die Zeit kann für ein Team ein interessanter Indikator in Bezug auf Über- oder Unterlast eines Teams sein, indem die Entwicklung des Arbeitsvorrates sichtbar gemacht wird. Scrum[13] unterscheidet zwischen Product Backlog und Sprint Backlog; die Metrik würde sich auf das Product Backlog beziehen.

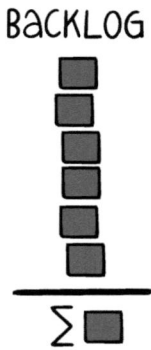

In festgelegten Abständen, zu Beginn oder am Ende einer Iteration, wird die Länge des Backlogs erfasst. Die Anzahl der Einträge im Backlog ist dafür der maßgebliche Wert, der im Rahmen dieser Metrik betrachtet wird. Die Länge des Backlogs hat noch keine Bedeutung, solange sie für sich steht. Daher ist es erforderlich, über einen bestimmten Zeitraum mit mehreren Messpunkten die Entwicklung im Blick zu behalten.

Entwickelt sich der Trend dahingehend, dass das Backlog immer kürzer wird, spricht dies dafür, dass für das Team auf die Dauer kein ausreichender Arbeitsvorrat vorhanden sein wird. Anstatt nun unnötige und wenig wertschöpfende Aufgaben als Lückenfüller und Arbeitsbeschaffungsmaßnahmen in das Backlog aufzunehmen, sollte lieber über eine Umwidmung des Teams nachgedacht werden.

Wenn das Backlog immer länger wird, dann sollten die Ursachen ebenfalls genauer unter die Lupe genommen werden. Diese Entwicklung kann nämlich dafürsprechen, dass das Team gegen den wachsenden Arbeitsvorrat nicht ankommt und Themen offen bleiben. Dies kann zum Problem werden, wenn Stakeholder dies nicht akzeptieren können. In diesem Fall hilft die Metrik zur Darstellung der Situation und kann als Ausgangspunkt einer Diskussion darüber dienen, welche Rahmenbedingungen verändert werden müssen, um den Output des Teams zu erhöhen oder inwiefern Aufgaben in andere Teams verlagert werden können.

Die Metrik kann recht einfach auf einem physischen Flipchart oder Teamboard, aber auch in einer elektronischen Datenbank oder auf einem digitalen Whiteboard erfasst werden. Je nach Entwicklung sollten zu den Erfassungszeitpunkten auch Maßnahmen abgeleitet werden, um entweder dem jeweiligen Trend entgegenzuwirken oder mit den Konsequenzen aktiv umzugehen.

Verstehen

3.3.4 Flow Efficiency

Der Arbeitsfluss eines Teams sollte möglichst ruhig laufen, ohne ständig aufgehalten oder gestört zu werden. In den beiden folgenden beiden Kapiteln sind daher Hinweise zu finden, welche Gründe zu Beeinträchtigungen führen könnten. Zuvor sollte ein Team jedoch erst einmal in der Lage sein, zu verstehen, ob und in welchem Umfang der Arbeitsfluss unterbrochen wird.

Eine hilfreiche Metrik in diesem Zusammenhang ist die sogenannte Flow Efficiency[23]. Sie sagt aus, wieviel Zeit aktiv an Aufgaben gearbeitet wird im Verhältnis zu der Zeit, die Aufgaben in Summe im Arbeitsfluss des Teams verbracht haben. Die Zeit, in der Aufgaben tatsächlich bearbeitet werden, sollte daher in etwa der verfügbaren Kapazität eines Teams entsprechen, während die Summe der Zeiten, die Aufgaben im System verbringen, üblicherweise viel höher sind.

Die Zeiträume, in denen Aufgaben sich im Arbeitsfluss befinden, ohne auch wirklich bearbeitet zu werden, können als Verschwendung bezeichnet werden und sollten daher so weit wie möglich vermieden oder zumindest reduziert werden. Jede Aufgabe, die zusätzlich im System landet, führt zu längeren Wartezeiten für alle Elemente (vgl. Littles Gesetz[30]).

Die Berechnung der Flow Efficiency ist am einfachsten mit einem elektronischen Tool zu erledigen, sofern ein Team den Arbeitsfluss ohnehin darin abbildet und entsprechende Funktionalitäten zur Auswertung zur Verfügung stehen. Die händische Aufbereitung nimmt in der Regel viel zu viel Zeit in Anspruch; eine Automatisierung sollte in Erwägung gezogen werden.

3.3.5 Fehlschätzungen

Störungen in der Constant Pace können durch verschiedene Faktoren ausgelöst werden. Sie führen dazu, dass die Velocity schwankt, geplante Aufgaben nicht abgeschlossen werden können oder Belastungsspitzen auftreten. Ein Grund für Schwankungen der Abarbeitungsgeschwindigkeit kann die falsche Einschätzung der Komplexität von Aufgaben sein, sofern ein Team mit entsprechenden Schätzmethoden für die eigene Planung arbeitet. Um in diesem Zusammenhang eine Verbesserung zu erzielen, muss das Team ein Verständnis dafür entwickeln, welche Ursachen solche Abweichungen haben. Auch externe Störfaktoren können eine Rolle spielen. Diese greifen wir im anschließenden Kapitel auf; zunächst fokussieren wir uns auf die internen Einflussmöglichkeiten.

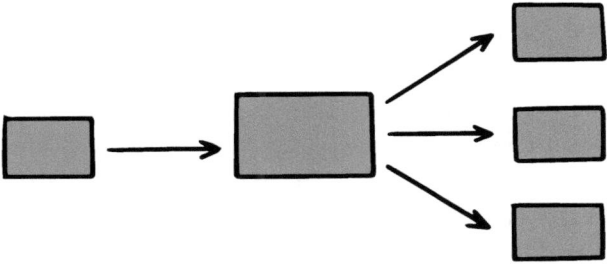

Teams sollten sich, wie im Kapitel 3.3.1 beschrieben wurde, zu Beginn einer Iteration überlegen, welche Ziele sie in dieser erreichen wollen, welche Aufgaben dafür erledigt werden müssen und wie sie die Komplexität dieser Aufgaben einschätzen. Auf diese Weise lässt sich über die Zeit die Velocity messen, die zur Verbesserung der Planungsgenauigkeit verwendet werden kann. Dafür ist eine gute Einschätzung einzelner Aufgaben von hoher Bedeutung.
Stellt sich im Laufe einer Iteration heraus, dass Aufgaben deutlich mehr Aufwand erfordern, als ursprünglich geplant wurde, kann dies dazu

führen, dass Themen nicht abgeschlossen werden können. Insbesondere dann, wenn Teams frisch zusammenarbeiten oder neue Projekte übernehmen, kommt es vor, dass die Größe von Aufgaben falsch geschätzt wird. Um dies transparent zu machen, ist es hilfreich, nach Abschluss der Aufgaben die tatsächliche Komplexität noch einmal zu schätzen bzw. erneut ins Verhältnis zu einer Referenzaufgabe zu setzen. Auch die Gründe für die Abweichungen sollten dokumentiert werden, so dass diese zukünftig vermieden werden können. Die erneute Schätzung zeigt dann eine realistischere Velocity. Das Auswerten der Abweichungsgründe dient dazu, besser zu verstehen, welche Aspekte die Planung verzerrt haben und veranlasst das Team bestenfalls, kleinere Aufgabenpakete zu schnüren. Einer dieser Aspekte könnte die Größe von Aufgaben sein (vgl. Kapitel 3.3.10), deren Abhängigkeitsgeflecht unterschätzt wurde.

3.3.6 Störfaktoren

Die Ursachen, die dazu führen, dass Aufgaben von einem Team nicht wie geplant umgesetzt werden, können – wie bereits angesprochen wurde – sehr unterschiedlich sein. Externe Einflussfaktoren spielen hierbei ebenso eine Rolle wie der teaminterne Lernprozess bei der Schätzung und Planung von Aufgaben (vgl. Kapitel 3.3.5).
Ein Beispiel sind nicht geplante Themen, die sogenannten Add-Ons. Dabei handelt es sich um Aufgaben, die durch das Team innerhalb einer Iteration angefangen oder umgesetzt werden müssen, ohne dass dies geplant war. Um deren Auswirkung auf Constant Pace zu verstehen, ist es im ersten Schritt wichtig, alle diese Add-Ons im Laufe einer Iteration zu erfassen. Dort werden diese als „Add-On" oder „ungeplant" markiert. Hierzu können Klebepunkte auf einem physischen Board oder Labels in digitalen Tools verwendet werden.
Sofern Änderungen auf der Basis von neuen Erkenntnissen vorgenommen worden sind, die dann im Rahmen eines Dailys zu einer

Umplanung geführt haben, sollte es in der Regel nicht zu einer Störung der Constant Pace kommen. Hierbei werden im Hinblick auf das Ziel einer Iteration bisher geplante durch neue Aufgaben ausgetauscht. Häufig erleben wir jedoch, dass Teams zusätzliche Aufgaben zugeschoben bekommen – und zwar ohne Rücksicht auf das Iterationsziel. Daher sollte auch der Grund für die Aufnahme einer zusätzlichen Aufgabe beispielsweise als „Neue Erkenntnis" oder „Priorität durch das Management" erfasst werden. Am Ende der Iteration werden die ungeplanten und geplanten Aktivitäten ins Verhältnis gesetzt und die Gründe für die Aufnahme ausgewertet. Wir empfehlen, die Gründe über die Zeit hinweg möglichst einheitlich zu benennen. Dies erleichtert die Auswertung und zeigt Häufungen von Ursachen, so dass diese systematisch aufgezeigt und angegangen werden können.

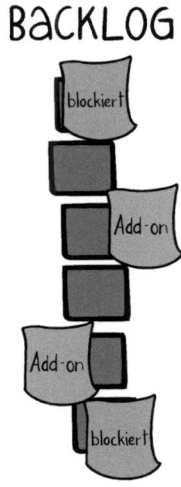

Nicht nur zusätzliche Aufgaben können den Arbeitsfluss im Team stören. Aufgaben, an denen das Team nicht weiterarbeiten kann, weil es von externen Faktoren abhängig ist, können ebenfalls Gründe hierfür sein. Um deren Einfluss zu verstehen, werden alle Aufgaben, die blockiert sind, als solche gekennzeichnet. Zusätzlich werden die Gründe erfasst, die dazu führen, dass an den Themen nicht weitergearbeitet werden kann, zum Beispiel mit „Wartet auf Lieferant" oder „Wartet auf Team XY". Durch das Clustern der blockierten Aufgaben wird schnell ersichtlich, an welchen Stellen der Arbeitsfluss im Team unterbrochen wurde. Am Ende der Iteration werden Anzahl und Gründe der blockierten Aufgaben ausgewertet.

Wir empfehlen, die blockierten Aufgaben eher nicht in eine zusätzliche Spalte auszulagern. Dadurch versteckt ein Team Work in Progress (vgl. Kapitel 3.3.7). Der Impuls, eine solche Spalte einrichten zu wollen, spricht für eine sehr große Menge an blockierten Elementen, deren Ursache eine hohe Anzahl an Abhängigkeiten sein könnte. In diesem Fall sollten lieber grundsätzliche Maßnahmen ergriffen werden, anstatt mit sehr großem Aufwand einzelne Blocker aufzulösen.

Wenn Teams mit derartigen Metriken auf das Management zugehen, dann sollte dieses aufmerksam zuhören. Es könnten strukturelle Gründe dahinterstecken, auf die es Einfluss nehmen kann und muss. Mehr zu diesem Thema findest Du im Kapitel 3.4, in dem wir exemplarisch einige Metriken für das Management erläutern.

3.3.7 Story-Point-Cap

Um die eigene Planung noch mehr zu verfeinern, haben wir vor einigen Jahren mit einem Team das sogenannte Story-Point-Cap entwickelt, wobei „Cap" in diesem Fall aus dem Englischen stammt und übersetzt „Obergrenze" bedeutet. Die Basis bildet eine Messung der Velocity (vgl. Kapitel 3.3.1) und das Ziel besteht darin, zu verstehen, inwiefern geplante Abwesenheiten Einfluss auf diese haben könnten.

Auf Grund von Urlaubszeiten, Weiterbildungsprogrammen oder anderen Einflüssen kann es zu Schwankungen in der Velocity kommen. Wie die Beispiele zeigen, sind insbesondere Verfügbarkeiten von Teammitgliedern in diesem Zusammenhang eine wesentliche Größe.

Wird die durchschnittliche Velocity zu Grunde gelegt, kann dann unter Berücksichtigung der geplanten Abwesenheiten ein Story-Point-Cap, also eine Story-Point-Obergrenze, für Iterationen festgelegt werden. Durchgeführt wird der Abgleich von Planung und berechneter Obergrenze am Ende des Plannings. Gegebenenfalls wird dadurch eine Anpassung der Planung erforderlich. Mit dem Story-Point-Cap kann eine gleichmäßigere Auslastung durch Orientierung an der Obergrenze erreicht werden.

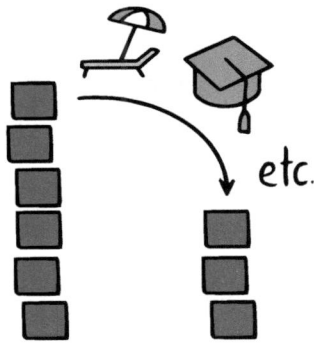

Die Verwendung des Story-Point-Caps beginnt mit der Ermittlung der Menge der Story Points, die bei einhundertprozentiger Anwesenheit durchschnittlich erreicht werden. Dieser Wert bildet das 100%-Cap. Auf der Basis geplanter Abwesenheiten kann dann das iterations-spezifische Cap ausgerechnet werden. Am Ende der Planung für eine Iteration, also in Scrum zum Abschluss des Sprint Plannings, werden die eingeplanten Story Points nun mit dem Cap verglichen. Liegt die Anzahl der eingeplanten Story Points über dem errechneten Story-Point-Cap, sollte die Planung angepasst und Aktivitäten aus dem Backlog für die Iteration entfernt werden. Umgekehrt kann es auch sein, dass das Story-Point-Cap unterschritten wird; in diesem Fall darf nachgelegt werden. Der Abgleich signalisiert, ob Themen heraus-genommen oder geteilt werden müssen oder ob weitere Themen eingeplant werden können. Das aktive Anpassen der Planung an die Obergrenze ermöglicht die Vermeidung von unnötigen Arbeitsspitzen.

Verbessern

3.3.8 Work in Progress

Work in Progress ist auch unter dem Akronym WIP bekannt und bezeichnet die Anzahl von Aufgaben, an denen ein Team zu einem bestimmten Zeitpunkt arbeitet und die sich demnach gleichzeitig im System befindet[27]. Eine andere Bezeichnung lautet „Flow Load"[23] (dt. Durchflussmenge). Mit Hilfe eines WIP-Limits kann ein Team eine Überlast, die zu einem gegebenen Zeitpunkt möglicherweise besteht, kennzeichnen und damit verbundene Kontextwechsel begrenzen. Das Ziel eines WIP-Limits besteht also darin, die Arbeit des Teams insofern zu verbessern, dass die am meisten wertstiftenden Aktivitäten im Fokus stehen und ein kontinuierlicher Arbeitsfluss gewährleistet ist[31].
Die Umsetzung des WIP-Limits kann auf einem Taskboard (vgl. Kapitel 3.2.1) erfolgen. Dort wird dann für die Spalte, in der sich alle Aufgaben wiederfinden, die aktuell in Arbeit sind, ein WIP-Limit, also eine Anzahl maximal gleichzeitig erlaubter Aufgaben festgelegt. Auf der einen Seite lassen sich WIP-Limits für das ganze Team, auf der anderen Seite aber auch je Teammitglied festlegen. Bei der Festlegung ist zu beachten, dass je mehr Aufgaben ein Team parallel bearbeitet, desto höher die Gefahr des Fokusverlustes ist. Dieser hat zufolge, dass Aufgaben nicht fertig werden, lange „in Bearbeitung" sind und von Iteration zu Iteration mitgeschleppt, statt abgeschlossen zu werden. Der gewählte Wert kann dann an der Spalte angebracht werden, so dass jedes Teammitglied die geltende Zahl stets vor Augen hat.
Abgesehen von der Bewahrung des Fokus wurde bereits durch zahlreiche Studien belegt, „dass Kontextwechsel signifikante Kosten in Form von Produktivitätsverlust verursachen"[32]. Ein WIP-Limit dient

also auch dazu, die Anzahl an Kontextwechseln zu minimieren, indem das Team einen Grenzwert für die Menge paralleler Aufgaben einzieht. Mit Hilfe dieses Grenzwertes lassen sich Bottlenecks oder Behinderungen frühzeitig aufdecken und entsprechende Verbesserungsmaßnahmen können abgeleitet werden. So wird die gleichmäßigere Lieferung von Output gefördert.

Wir empfehlen, möglichst frühzeitig mit dem WIP-Limit zu experimentieren und zunächst einmal irgendeinen Wert als Startpunkt festzulegen. Dieser Wert kann dann im weiteren zeitlichen Verlauf angepasst werden. Eine Sprint Retrospective in Scrum[13] oder ein ähnliches Format zur kontinuierlichen Verbesserung der Zusammenarbeit ist dafür eine geeignete Plattform. Achtung: Oft setzen Teams ihre WIP-Limits leichtfertig hoch, weil es angeblich zu viel zu tun gäbe. Damit wäre ein Kernproblem auf dem Tisch. Statt das WIP-Limit einfach anzupassen, um alle Anforderungen doch noch irgendwie unterzubringen, sollten nun die Diskussion über die Priorisierung beginnen und entsprechende Entscheidungen getroffen werden. Auch Ausnahmen bei „kleinen" Aufgaben sind gefährlich: Wer einmal damit anfängt, wird diese erfahrungsgemäß schwer wieder los und neigt dazu, immer mehr kleine Aufgaben erledigen zu wollen. Und: Kleinvieh macht eben auch Mist.

Es ist für die Anwendung des WIP-Limits unerheblich, ob es sich um ein physisches oder um ein digitales Board handelt, sofern in der Spaltenüberschrift das WIP-Limit vermerkt werden kann.

3.3.9 Work Item Age

Je älter eine Aufgabe ist, desto unwahrscheinlicher ist, dass sie jemals abgeschlossen wird; das hat vielleicht jeder schon einmal erlebt, der eine Aufgabe auf die lange Bank geschoben hat. Um sicher zu stellen, dass Themen zu einem Ende gebracht werden, gibt es Metriken, mit deren Hilfe der Arbeitsfluss innerhalb eines Teams betrachtet und verbessert werden kann. Zu ihnen gehört neben weiteren Metriken wie Durchsatz und Durchlaufzeit das Alter der Arbeitsaufgaben (engl. Work Item Age[33]).

Die Metrik bezeichnet die Zeit, die in Bezug auf eine spezifische Arbeitsaufgabe vergangen ist, seit die Bearbeitung begonnen hat. Zur Berechnung ist es also zunächst nötig, Start- und Endpunkt der Bearbeitung zu definieren. Solange die Aufgabe den Startpunkt überschritten und gleichzeitig den Endpunkt noch nicht erreicht hat, ist das Alter der Aufgabe relevant. Es zeigt, an welchen Stellen besonderer Handlungsbedarf besteht.

Betrachtet ein Team im Daily Scrum oder einer anderen täglichen Zusammenkunft also die Aufgaben, die sich bereits in Bearbeitung befinden, sollte es der Metrik Work Item Age besondere Aufmerksamkeit schenken. Fällt auf, dass es besonders „alte" Aufgaben gibt, die offensichtlich seit mehreren Tagen keinen Fortschritt mehr machen, sollte geklärt sein, wo die Gründe dafür liegen. Warum kümmert sich niemand um die Aufgabe? Ist die Aufgabe möglicherweise blockiert, wurde jedoch nicht entsprechend gekennzeichnet? Wie kann die Aufgabe schnellstmöglich bearbeitet und abgeschlossen werden? Die Metrik lässt sich in der Regel sehr gut in elektronischen Tools abbilden, da diese häufig passende Funktionen bereits implementiert haben. Auch auf physischen Boards können Teams das Alter von Arbeitsaufgaben vermerken. Dazu kann ein einfacher Klebezettel mit einer Strichliste dienen, die täglich um einen Strich ergänzt wird, solange die Aufgabe in Bearbeitung ist.

3.3.10 Story-Point-Größe

Im Kapitel 3.3.1 haben wir uns bereits mit der Schaffung von Transparenz mit Hilfe der Velocity beschäftigt. In diesem Zusammenhang sind wir auch auf die Verwendung von Story Points zur Schätzung von Komplexität eingegangen. Zur Erinnerung: Die Komplexität einer Aufgabe wird durch verschiedene Faktoren geprägt. Dazu zählen die Anzahl an Prozessschritten, die Größe des Risikos sowie die Menge der Schnittstellen. Sofern die Schätzung von Aufgaben also auf der Basis von Story Points erfolgt, dann kann sich ein Blick auf die (durchschnittliche) Story-Point-Größe lohnen, um die Planungsqualität eines Teams weiter zu verbessern.

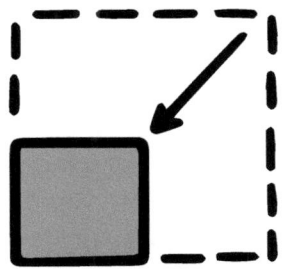

Je komplexer eine Aufgabe ist, desto mehr Story Points bekommt diese ihm Rahmen der Planung einer Iteration in der Regel zugeordnet. Dabei ist zu beachten, dass die Abschätzung mit zunehmender Komplexität immer schwieriger wird, die Gefahr von Fehleinschätzungen steigt und damit auch die Unsicherheit in der Planung (vgl. Kapitel 3.3.4). Oft kann es hilfreich sein, sowohl die durchschnittliche Story-Point-Größe innerhalb einer Iteration zu erfassen, also auch die Backlog-Einträge mit den höchsten Story-Point-Werten zu betrachten. Sind die Werte sehr hoch, dann hat das oft etwas damit zu tun, dass Anforderungen tatsächlich unklar sind oder dass es nicht gelungen ist, die Aufgaben in handhabbare Pakete zu zerteilen.

Steigt die (durchschnittliche) Größe der Story Points über die Zeit, kann dies etwas damit zu tun haben, dass die Teammitglieder nicht mehr in der Lage sind oder keine Lust oder keine Zeit haben, sich intensiver mit Aufgaben auseinanderzusetzen, um diese überschaubarer zu machen. Sobald große oder zunehmende (durchschnittliche) Story-Point-Werte beobachtet werden, sollte daher dringend interveniert werden. Für den Einstieg kann es helfen, sich insbesondere die Aufgaben, die mit ihrer Größe deutlich über dem Mittelwert liegen, noch einmal im Team zu besprechen und zu versuchen, diese besser zu zerlegen. Dazu ist in der Regel ein besseres Verständnis der Aufgabe nötig. Kleinere Arbeitspakete ermöglichen dann eine bessere Schätzung der Komplexität, wodurch sich Unsicherheit reduzieren und die Planungsqualität erhöhen lässt.

3.4 Metriken für das Management

Kennzahlen sind für die meisten Manager ein gerne gesehenes Instrument. Die relevanten Daten werden gesammelt, aufbereitet und berichtet – zumeist in Form bunter Grafiken und beeindruckender Dashboards. Sie dienen der Steuerung des Unternehmens entlang „objektiver" Werte. So machen sie Entwicklungen in der Organisation greifbar und vermitteln einen Eindruck der Kontrolle über das Geschehen. Peter Drucker wird in diesem Zusammenhang das folgende Zitat zugeschrieben[34]:

„You can't manage, what you don't measure."

Das Management braucht also Transparenz, ist durch diese vermeintlich sogar erst handlungsfähig. Nun entsteht eine Kennzahl jedoch nicht von selbst. Daten müssen erhoben und in den entsprechenden Kontext gesetzt und interpretiert werden. Die Visualisierung nimmt ebenfalls Zeit in Anspruch. Die Bereitstellung von Metriken ist also immer mit einem Aufwand verbunden, der von den Teams getragen wird. Dies führt nicht selten dazu, dass Teams von ihrer eigentlichen Arbeit, einen Mehrwert für den Kunden zu schaffen, abgehalten werden. Dies kann besonders dann viel Frust auslösen, wenn sich das Management regelmäßig neue Kennzahlen ausdenkt, die möglicherweise nicht einmal im unmittelbaren Zusammenhang zu den Fokusthemen und Impediments der Teams stehen. Die Wahrscheinlichkeit ist dann groß, dass Teams mit einem Übermaß an Reporting ausgebremst werden (vgl. Kapitel 2.2).

Idealerweise unterstützt das Management vielmehr die Arbeit der Teams, indem es ihnen den passenden Rahmen bietet und sie dazu ermutigt, ihre eigenen Metriken zu entwickeln und einzusetzen. Auf diese Weise können Teams die notwendige und beruhigende Transparenz für das Management schaffen. Herrscht keine ausreichende psychologische Sicherheit und die Teams versuchen stattdessen alles, um die eigene Situation zu verschleiern, passiert es nicht selten, dass das Management ungeduldig wird. Gerade in Transformationen, in denen sich viele Unternehmen gerade befinden, um es mit der VUKA-Welt aufnehmen zu können, verursacht diese Ungeduld eine eher noch steigende Unsicherheit. Diese Kombination ist gefährlich, weil sie in einem sich selbstverstärkenden Regelkreis enden kann.

Vertrauensbildende Maßnahmen sind in solchen Situationen das Gebot der Stunde. Wenn wir von Metriken für das Management sprechen, so geht es daher nicht um die Lieferung von Informationen seitens der Teams an das Management. Es geht vielmehr um die Frage, welche Metriken dabei helfen, den Beitrag des Managements genauso sichtbar zu machen wie die Anteile der Teams. Durch die Brille der Teams stellt sich nämlich auch oft die Frage, was „die da oben" eigentlich Wertvolles zur Entwicklung der Produkte und Dienstleistungen beitragen. Und selbstverständlich ist der Beitrag des Managements nicht zu unterschätzen. Schließlich liegen mit der Weiterentwicklung des Unternehmens und der Verantwortung für Menschen wesentliche Aspekte der Zukunftsgestaltung in dessen Hand.

Metriken für das Management bieten die Chance, dass Transparenz über die Rahmensetzungen für die Teamarbeit entsteht. Die gewonnenen Erkenntnisse können wiederum zur Optimierung der Bemühungen um ideale Arbeitsbedingungen führen. Mit einem passenden Set an Management-Metriken gelingt es obendrein, eine mögliche Unausgewogenheit hinsichtlich der Nachvollziehbarkeit der Beiträge von Teams und Management auszubalancieren. Drei Bereiche des Managements sollten betrachtet werden: Informationen, Entscheidungen und Organisation. Die folgenden Hinweise sind Anregungen aus unserer Praxis. Sicherlich lassen sich auch andere Metriken finden und noch einmal: Metriken müssen in den Kontext passen und den jeweiligen Zielen dienen.

Informationen

Nicht selten gestaltet es sich für Teams schwierig, an nötige Informationen heranzukommen. Auch der Austausch von Informationen zwischen Teams, insbesondere funktionsübergreifend, läuft nicht immer reibungslos. Auf folgende Metriken kann das Management durch strukturelle Anpassungen, aber auch durch das eigene Vorgehen Einfluss nehmen:

- **Anzahl der Schnittstellen:** Je mehr Übergabepunkte in einem Prozess enthalten sind, desto schwieriger ist das Sicherstellen einer reibungslosen Geschwindigkeit – sowohl in Bezug auf die Geschwindigkeit als auch hinsichtlich des Inhalts; das Kinderspiel „Stille Post" ist in diesem Zusammenhang das Sinnbild für das Verfälschen von Informationen. Offensichtlich hat ein Team in einem solchen Umfeld auch nicht die angestrebte Ende-zu-Ende-Verantwortung.

- **Durchlaufzeiten von Informationen:** Eine andere Metrik ist die Erfassung der Zeit von der Anfrage der Information bis zu ihrer Lieferung oder die Dauer von der Eingabe einer Information in die Organisation bis diese Information ein Ziel erreicht. Auch hier ist eine kürzere Zeit wünschenswert, um keinen Flaschenhals zu erzeugen. Neben der bereits genannten Anzahl der Schnittstellen kann es für lange Durchlaufzeiten weitere Gründe geben, die untersucht werden sollten.

- **Anzahl von Personen mit Kundenkontakt:** Für die Entwicklung und Herstellung jeglicher Art von Produkten, Dienstleistungen und anderen Arbeitsergebnissen, die einen hohen Wert für interne und externe Kunden erzeugen, ist der Zugang zu diesen von hoher Bedeutung. Aus diesem Grund sollte betrachtet werden, wie viele Personen ihre Aufgabe mit Kundenkontakt ausfüllen und wie viele dies ohne Kundenkontakt tun.

- **Truck-Faktor**[35]**:** In traditionellen Unternehmen verfügen Personen mit langjähriger Betriebszugehörigkeit häufig über sogenannte Kopfmonopole. Das bedeutet, solche Teammitglieder sind die einzigen innerhalb der Organisation, die über ein spezielles Wissen verfügen. Fallen solche Personen aus, kann dies unter Umständen ganze Projekte oder Produkte zu Fall bringen. Aus diesem Grund sollte zumindest in strategisch wichtigen Bereichen auf den Truck-Faktor geachtet werden, der aussagt, wie viele Teammitglieder im Verhältnis zur

Gesamtanzahl der Teammitglieder ausfallen können, ohne dass ein wichtiges Vorhaben gefährdet wird. Er sollte dementsprechend möglichst hoch sein.

Entscheidungen

Entgegen einer modernen Idee von Zusammenarbeit sind Teams leider allzu häufig nicht befugt, alle relevanten Entscheidungen selbst zu treffen. Das gilt insbesondere, wenn agile Arbeitsweisen eher ein Inseldasein führen oder die Organisation sich für eine Implementierung entschieden hat, die möglichst anschlussfähig an die klassische (Herkunfts-) Organisation sein soll. Auch diese Metriken können vom Management direkt beeinflusst werden, indem es Rahmenbedingungen entsprechend anpasst:

- **Anzahl der Personen mit Veto-Recht**: Grundsätzlich sollten in einer Organisation alle relevanten Entscheidungen, zum Beispiel über Budgets, von der Person getroffen werden, die für die Schaffung des Wertes verantwortlich ist. Im Scrum-Kontext wäre dies der Product Owner. Oft erleben wir, dass in der Realität weitere Personen ein Mitspracherecht haben. Wie viele das sind, ist eine interessante Größe und ein Zeichen dafür, ob und inwiefern eine Rolle überhaupt ausgeübt werden kann.

- **Durchlaufzeiten von Entscheidungen**: Oft werden Entscheidungen nicht dort getroffen, wo die Kompetenz liegt, sondern sie legen lange Wege durch die Organisation, insbesondere durch die verschiedenen Hierarchieebenen, zurück. Das Management sollte im Blick behalten, wie lange solche Entscheidungsprozesse dauern, und gegebenenfalls Entscheidungsmacht verlagern.

- **Anzahl der an einer Entscheidung beteiligten Personen** im Verhältnis zur Anzahl der betroffenen Personen: Jeder kennt wahrscheinlich das Sprichwort „Viele Köche verderben den Brei.". Gleichzeitig ist es von großer Bedeutung, die in eine

Problemstellung involvierten Personen auch in die Lösung einzubeziehen[36]. Aus diesem Grund sollte stets betrachtet werden, wie viele und welche Personen an einer Entscheidung beteiligt werden.

Organisation
Die Gestaltung der Organisation ist der dritte Aspekt, auf den das Management unmittelbaren Einfluss ausüben kann. Folgende Metriken können hierüber interessante Erkenntnisse liefern:

- **Anzahl Projekte pro Person**: Jeder Kontextwechsel kostet Menschen einen großen Anteil ihrer Produktivität. Trotzdem werden einzelne Teammitglieder immer wieder mehreren Teams gleichzeitig zugeordnet. Dies kann dann passieren, wenn es um spezielles Wissen geht oder wenn jemand anderes meint, dass es durch die Zuordnung zu einem einzigen Team zu einer Unterauslastung führen würde. Allerdings hat dieses Vorgehen seinen Preis: Multiteaming führt neben dem bereits angesprochenen Produktivitätsverlust mitunter zu Unzufriedenheit, Belastung und Stress. Je mehr Teams eine Person angehört, desto schwieriger ist es, den Fokus zu halten – von viel zu vielen Meetings ganz abgesehen.

- **Dauer der Teammitgliedschaft**: Die durchschnittliche Zugehörigkeit zu einem Team ist ebenfalls eine Betrachtung wert. Jede Veränderung, sowohl Eintritt als auch Austritt in einem Team führt dazu, dass Teamfindungsprozesse neu durchlaufen werden müssen, wie sie in der Teamuhr nach Tuckman beschrieben sind[37]. Dadurch verlangsamt sich die Arbeit eines Teams entsprechend, weil mehr Energie in die Teambildung investiert werden muss, die dann auf der Ergebnisseite fehlt.

- **Anzahl der Einflussnehmer auf Umsetzungsweise**: In einem agilen und damit selbstorganisierten Kontext können Teams selbst entscheiden, welche Frameworks, Methoden und Werkzeuge sie für die Umsetzung ihrer Aufgabe einsetzen wollen. Oftmals erleben wir, dass diese Theorie in der Praxis durch Vorgaben ersetzt wird, die unter Umständen nicht passend sind. Aus diesem Grund sollte die Anzahl der Personen, die Einfluss darauf nehmen, wie ein Team etwas umsetzt, möglichst klein sein.

- **Anzahl an cross-funktionalen Teams beteiligte Einheiten:** Je mehr Abteilungen oder Bereiche für die Bildung eines cross-funktionalen Teams erforderlich sind, desto weniger scheint eine Organisation an ihren Kunden und den dazugehörigen Wertströmen ausgerichtet zu sein. Abstimmungsschwierig-keiten und das Fehlen eines gemeinsamen Ziels können die Folge eines hohen Werts sein. Nur dann, wenn eine Organi-sation bereits gelernt hat, unabhängig von der Aufbau-organisation in Netzwerkstrukturen zu arbeiten, kann dieser akzeptabel sein.

- **Anzahl Hierarchieebenen in einer Organisation:** Eine viel-schichtige Hierarchie führt häufig dazu, dass Informationen nicht oder nur schwer fließen und dass Entscheidungen große Runden durch die Organisation drehen. Die Anzahl der Hierarchieebenen kann ebenfalls ein Zeichen sein, dass ein Unternehmen es schwer haben wird, ein agiles Vorgehen zu etablieren.

---

[1] Kesebir, P., Diener, E. (2008). In pursuit of happiness: empirical answers to philosophical questions. Perspectives on Psychological Science, Vol. 3, S. 117–125.

[2] Ryan, R., Deci, E. (2001). On Happiness and Human Potentials: A Review of Research on Hedonic and Eudaimonic Well-Being. Annual review of psychology. Vol. 52. S. 141-166.

[3] Ryff, C.,Singer, B. (2008). Know Thyself and Become What You Are: A Eudaimonic Approach to Psychological Well-Being. Journal of Happiness Studies. Vol. 9. S. 13-39.

[4] Fisher, C. (2010). Happiness at Work. International Journal of Management Reviews. Vol. 12. S. 384 - 412.

[5] Bellet, C., De Neve, J., Ward, G. (2019). Does Employee Happiness have an Impact on Productivity?. Saïd Business School WP 2019-13.

[6] Oswald, A. J., Proto, E. / Sgroi, D. (2015). Happiness and productivity. Journal of Labor Economics, Vol. 33 (4). S. 789-822.

[7] Bibu, N. A., Abd El Moniem, H. (2011). The Relationships among Employee Satisfaction, Productivity, Performance and Customer Satisfaction. Review of International Comparative Management Vol. 12. Ausgabe 3. S. 470 ff.

[8] Wanous, J. P. (1974). A causal-correlational analysis of the job satisfaction and performance relationship. Journal of Applied Psychology. Vol. 59(2). S. 139–144.

[9] Beck, K. et al. (2001). Manifest für Agile Softwareentwicklung, abgerufen am 29.12.2021, Link: https://agilemanifesto.org/iso/de/manifesto.html.

[10] Wester, J. (2021). What is Cycle Time? ActionableAgile™, abgerufen am 18.03.2022, Link: https://actionableagile.com/blog/what-is-cycle-time/

[11] Management 3.0 (2022). Niko-Niko Calendar, abgerufen am 12.02.2022, Link: https://management30.com/practice/niko-niko-calendar/.

[12] Kerth, N. L. (2001). Project Retrospectives: A Handbook for Team Reviews, Dorset House Publishing Co Inc.

[13] Schwaber, K.,Sutherland, J. (2020). Der Scrum Guide. Der gültige Leitfaden für Scrum: Die Spielregeln, abgerufen am 29.12.2021, Link: https://scrumguides.org/docs/scrumguide/v2020/2020-Scrum-Guide-German.pdf.

[14] Teamentwicklung Lab (2022). 3. Design Think Phase: Synthese, abgerufen am 06.02.2022, Link: https://teamentwicklung-lab.de/3-design-thinking-phase-synthese/

[15] Wikipedia (2021). SMART (Projektmanagement), Wikipedia. Die freie Enyklopädie, abgerufen am 15.08.2021, Link: https://de.wikipedia.org/wiki/SMART_(Projekt management).

[16] Eckert, R. (2018). Intelligente Echtzeitunternehmen im digitalen Hyperwettbewerb. Multiple Geschäftsmodelle – Hybride Organisationsmodelle – Vernetzte Ökosysteme. Springer Gabler.

[17] Drucker, P. F. (1963). Managing for Business Effectiveness, abgerufen am 28.02.2022, Link: https://hbr.org/1963/05/managing-for-business-effectiveness.

[18] Worley, C. G., Williams, T. D., Lawler, E. E. (2014). The Agility Factor. Building Adaptable Organizations for Superior Performance. Jossey-Bass.

[19] Beck, K. et al. (2001): Prinzipien hinter dem agilen Manifest, abgerufen am 29.12.2021, Link: https://agilemanifesto.org/iso/de/principles.html.

[20] Zu Kanban siehe zum Beispiel Syska, A. (2006). Produktionsmanagement. Das A-Z wichtiger Methoden und Konzepte für die Produktion von heute, Gabler.

[21] Patton, J. (2014). User Story Mapping. O'Reilly.

[22] Wikipedia (2022). Business value, abgerufen am 17.02.202, Link: https://en.wikipedia.org/wiki/Business_value

[23] Kersten, M. (2018). Project to Product. IT Revolution.

[24] Liker, J. K. (2004). The Toyota Way. 14 Management Principles form the World´s Greatest Manufacturer. McGraw-Hill.

[25] Oesterreich, R. (1999). Konzepte zu Arbeitsbedingungen und Gesundheit. Fünf Erklärungsmodelle im Vergleich. In Oesterreich, R., Volpert, W. (Hrsg.). Psychologie gesundheitsgerechter Arbeitsbedingungen. Konzepte, Ergebnisse und Werkzeuge zur Arbeitsgestaltung. Huber. S. 141-215.

[26] Scheller, Torsten (2017). Auf dem Weg zur agilen Organisation. Verlag Franz Vahlen.

[27] Vacanti, D. S. (2015). Actionable Agile Metrics for Predictability. An Introduction. Leanpub.

[28] Wikipedia. (2022). Planning Poker, abgerufen am 17.02.2022, Link: https://en.wikipedia.org/wiki/Planning_poker

[29] Schwaber, K. (2001). Calculating Sprint Burndown and Velocity of Work. Web.archive.org. 26.02.2022 http://web.archive.org/web/20010503 112119/ www.controlchaos.com/sburndown.htm.

[30] Wikipedia (2022). Littles Gesetz, abgerufen: 09.03.2022, Link: https://de.wikipedia.org/wiki/Littles_Gesetz

[31] Parabol (2022). The 10 Most helful Agile Metrics According to Experts, abgerufen am 07.02.2022, Link: https://www.parabol.co/blog/agile-metrics.

[32] Hruschka, P. (2018): Praktiken erfolgreicher Projekte, in: Tiemeyer, E.: Handbuch IT-Projektmanagement, S. 773-804, Carl Hanser Verlag.

[33] Wester, J. (2021). What is Work Iteam Age? ActionableAgile™, abgerufen am 18.03.2022, Link: https://actionableagile.com/blog/what-is-work-item-age/

[34] Petry, T. (2016). Digital Leadership: Erfolgreiches Führen in Zeiten der Digital Economy. Haufe.

[35] Beck, K., Andres, C. (2004). Extreme Programming Explained: Embrace Change. Addison-Wesley Professional.

[36] Management 3.0 (2022). Complexity Thinking Module, abgerufen am 24.02.2022, Link: https://management30.com/modules/complexity-thinking/.

[37] Tuckman, B. (1965). Developmental Sequence in Small Groups. Psychological Bulletin 1965, Vol. 63, No. 6, 384-399.

4. Und nun, Zebra?

Überall da, wo Menschen in einem Team miteinander arbeiten, entsteht durch ihre Verschiedenheit schon ein hohes Maß an Komplexität – ganz egal, ob sie als Zebra, als Gewitterwolke, als Sportwagen oder als Sprinter den Raum betreten. Verschiedene, zum Teil sogar für ganz andere oder sehr selektive Bereiche erdachte Arbeitsweisen können dabei produktunabhängig zur Unterstützung und Verbesserung der Zusammenarbeit von Teams vereint werden.

Fantasie und Tabulosigkeit sind gefragt, um mit Hilfe von Metriken Fortschritte zu erzielen. Die Devise lautet dabei: Weg vom Bauchgefühl und hin zu messbaren Veränderungen. Wichtig sind uns dabei die folgenden Punkte:

- **Nicht den zweiten Schritt vor dem Ersten gehen, aber den ersten Schritt gleich morgen machen.** Nehmt Euch im Team eine erste Kennzahl vor, fangt mit dieser an. Große Dashboards, automatisierte Datenerhebung und ein breites Set an verschiedenen Metriken klingen vielleicht verlockend. Am Anfang erscheint es in der Regel jedoch viel sinnvoller, sich auf eine kleine Auswahl zu fokussieren und mit dieser aktiv zu arbeiten, anstatt sich mit einem ganzen Kennzahlensystem zu verzetteln. Auf diese Weise kann auch der Umgang mit Metriken leichter geübt werden, was essenziell ist.
- **Entwickle Metriken anhand der Bedürfnisse des Teams weiter.** Die in diesem Buch vorgestellten Metriken stellen einen Auszug dessen dar, was uns in der Vergangenheit bei der Teamentwicklung geholfen hat. Dies ist sicherlich keine abschließende und schon gar keine priorisierte Liste. Einige der Metriken sind weit verbreitet, andere haben wir in den Teams selbst entwickelt. Sei im Team kreativ, nutzt was immer Euch hilfreich erscheint. Es gibt keine „falsche" Metrik und wenn Du

feststellst, dass der erhoffte Erkenntnisgewinn ausbleibt, dann stellt die Metrik wieder ein – reitet kein totes Pferd.

- **Nutze die Metriken im und für das Team. Sie sind nicht zur Kontrolle oder für einen Teamvergleich gedacht.** Die gezeigten Metriken sollen Teams helfen sich zu verbessern. Reportings an das Management oder teamübergreifende Vergleiche der Metriken können dazu führen, dass Vertrauen – die wesentliche Voraussetzung für eine erfolgreiche Arbeit – im Team verloren geht und Ergebnisse verzerrt werden. Zudem ist ein Vergleich verschiedener Teams aufgrund meist unterschiedlicher Rahmenbedingungen nicht aussagekräftig und somit auch nicht sinnvoll. Klärt und versteht Reporting-Anforderungen des Managements, um geeignete Berichte zu definieren. Denkt dran, auch das Management zu motivieren, mit Hilfe eigener Kennzahlen zu arbeiten.

- **Nutze Tools und Automatisierung, wo es sinnvoll ist. Starte im Zweifel lieber mit Stift und Papier.** Mit der zunehmenden Digitalisierung werden die Erhebung und Auswertung von Daten immer leichter. Riesige Systeme, bei denen mehr Energie in den Aufbau und in das prozessuale Drumherum fließen als in die eigentliche Arbeit mit den Erkenntnissen aus den Metriken, bergen die Gefahr, das Wesentliche aus den Augen zu verlieren, nämlich den Erkenntnisgewinn für das Team. Sie machen häufig auch unflexibel, wenn es darum geht, Kennzahlen anlassbezogen zu verwenden und bei Bedarf schnell auszuwechseln. Natürlich bieten viele Tools zur Arbeits-organisation bereits ab Werk die Möglichkeit zur Erstellung von Dashboards und verschiedenen Grafiken. Das kann hilfreich sein, um den Aufwand in der Erfassung von Metriken zu reduzieren oder Ergebnisse durch Grafiken leichter verständlich zu machen. Der konkrete Nutzen muss aber in jedem Einzelfall beurteilt werden.

Über die Autoren

 **Kai Bauer** studierte BWL an der Friedrich-Schiller-Universität in Jena. Es folgten Stationen in der Automobilzulieferindustrie, der Beratung sowie dem Bereich der Industriedienstleistungen. In mehr als zehn Jahren in der Prozessoptimierung und Organisationsentwicklung hat er vor allem die Themen Lean und Agile Management in unterschiedlichen Projekten im In- und Ausland vorangetrieben.

 **Christian Brosig** studierte Arbeits- und Organisationspsychologie an der Uni Heidelberg. Nach einigen Jahren in der Beratung machte er sich selbständig und begleitet seit über 20 Jahren Menschen und Organisationen in Entwicklungsprozessen. Im Mittelpunkt der Arbeit steht die Frage, wie Menschen möglichst zielführend den Herausforderungen von Transformationsprozessen begegnen.

 **Leonie Eggert** absolvierte ihren Master in Organisational & Social Psychology an der London School of Economics & Political Science. Wie schon im Studium und früheren beruflichen Stationen analysiert sie heutzutage als Beraterin die Dynamik zwischen Individuen, Gruppen und der Gesamtorganisation. Es ist ihr wichtig, die Brücke zwischen Theorie und Praxis zu bauen und Unternehmen in ihren Transformationen zu begleiten.

 **Julia Neufer** ist HR-Allrounderin und -Professional im internationalen Industrieumfeld. Schon in ihrer Studienzeit hat sie Erfahrungen in verschiedenen Teams und Unternehmen, auch cross-funktional, gemacht und unterschiedliche Modi der Zusammenarbeit erlebt. Seit dem Master in Human Resource Management unterstützt sie Menschen mit dem Ziel, für sich ein Arbeitsumfeld zum Wohlfühlen zu gestalten.

 **Juliane Pilster** ist seit mehr als zehn Jahren agile Führungskraft mit Leib und Seele. Die Wirtschaftsingenieurin in der Fachrichtung Elektrotechnik an der Technischen Universität Chemnitz hat in verschiedenen Unternehmen und Branchen lernen dürfen, dass es in einer agilen Organisation vor allem darauf ankommt, welches Umfeld den Menschen zur Verfügung gestellt wird und wie sie darin zusammenarbeiten.